U0488544

犯罪心理X档案
法医精神科医生真实办案手记

何美怡 著

中国法制出版社
CHINA LEGAL PUBLISHING HOUSE

潜入犯罪者的脑中，
探寻正常与失常、理智与疯狂之间，
最模糊的界限。

前言

这是一本法医精神科医生的真实办案工作手记。

什么是法医精神科？我想大部分人连有这个专科的存在都不知道。法医精神科是精神科的一个专门分支，主要为监狱、监狱医院或社区内的精神病犯人提供精神病评估和治疗，以及为法庭撰写犯罪嫌疑人的精神报告。

报纸在报道一些严重罪案时，往往会加一句"法官正在等待被告的精神科报告"，行文虽然客观，但把报告跟判刑扯上关系，让人有一种"只要被告有精神病就可以判轻一点"的感觉，但事实并不是这么简单的。单就能否因为患有精神病就减刑这一点，就不是三言两语可以解释清的；而患了精神病是否就要住进小榄精神病治疗中心①而不用在赤柱监狱②监禁，也不一定。

  既然误区如此多，我就想，不如写一本书，通过一些个案研究，让人更了解法医精神科的日常工作。我1999年在英国伦敦获得医学学士学位后，便在当地接受训练，直至2005年回到香港地区入职法医精神科，并继续进修，三年后我正式成为精神科专科医生，现在则转为私人执业。说起来在这个领域工作了十多年，其中2005年至2012年年中，我在香港唯一的法医精神科任职精神科医生，

---

① 我国香港地区一所高度设防的院所，为监狱需要精神观察、治疗、评估或特别心理服务的男女犯人、还押人员或羁留者等设立。——编者注
② 我国香港地区的监狱之一。——编者注

在青山医院①及小榄精神病治疗中心，处理超过两千五百个个案并撰写两千多份法庭报告，其间多次获裁判法院、区域法院及高等法院邀请，作为专家证人参与庭审。而这本书的个案，大部分取材自我在上述部门工作的七年多的经历。

我会通过大大小小的个案，让大家了解法医精神科的日常工作：在什么地方上班、团队是怎样运作的、如何处理个案、怎样撰写法庭报告和到法庭做专家证人。而我也想让大家多了解一点精神病人。一般常见的病，大至癌症，小至伤风感冒，都有病症，精神病也一样有病症，只是大家都不

---

① 我国香港地区成立时间较早的精神病医院。——编者注

太认识或是对其有所误解，甚至受到电视剧、电影的影响，以为精神病报告可以由医生杜撰，成为减刑的"武器"……其实，法医精神科是一个专业，我们有不同方法去判断一个人是否患病；另外，我也希望大家知道，病人"出狱"之后，我们还会有许多跟进的工作，确保他们如果有机会回归社会的话，不会再犯案。

　　我处理每个个案时，都会写一份详尽的笔记，为了这本书，我把笔记改编成易读的文字，加了点想象，增强了趣味性（原本的笔记很乏味）；而案件中的人物，已经用了化名，人物背景也做了适度的更改；跟案件没有直接关系的人物如律师、同事等，也做了戏剧化处理，不必对号入座。但对于案

前言

件本身,在香港这座城市,出了一单杀人案,常常引起轰动,所以我在说某一单案件时,部分对案件有了解的读者或许可以心领神会。但我必须强调,这并不是什么揭露香港杀人案件秘闻的猎奇书,案件本身不是重点,我的目的是带领读者从法医精神科医生的角度去看每一个案件。所以,你看目录,可能觉得大同小异:菲佣杀了主人,母亲杀了儿子,男人杀了情妇,不都是杀人吗?不都是精神病人的杀人案吗?但读过每一个篇章,读者就会明白,从法医精神科的角度看,那都是独一无二的案例。

另外,案中的疑犯、犯人,于我而言,他们都是病人,而这是一本有关法医精神科的书,不是法庭记录,所以我会告诉读者为什么这个人有病、有什么病、这个病对他犯罪行为的影响，以及对其刑责的建议；但最后法庭的裁决、裁决的原因，都不是本书讨论的范围。

最后，如果能够做到，我也希望让大家知道，精神病的某些病症，一般人都看得出来，如果能够及时医治，是有机会避免悲剧发生的。**法医精神科医生就像侦探，常在案件发生之后才出现，有时候已经是于事无补；如果能通过图书让公众提高警觉，防患于未然，那才是这本书最大的功德。**

目录

001	**序章　为犯罪者心理画像——法医精神科的日常**
003	主诊刑事犯的精神科医生

007	**档案1　寻求偷窃快感的"成瘾者"**
009	案件：束手就擒的"神偷"
010	判入精神病院＝"打得甩"？
013	问诊：沉默的艺术
014	从少年时期开始的"偷窃游戏"
017	线索：偷来东西却不用
018	线索：在店员旁边下手增加刺激感
021	隐瞒过去所带来的压力致再度犯案
024	复盘：引导性问题的陷阱
026	线索：为成功偷窃而骄傲
026	问诊：强迫症与偷窃癖大不同

029	会议：报告质询，确保客观性
030	复诊：服药足以戒心瘾？
032	裁决：罚款三千元，无须强制治疗
033	轻判的后患

037	**档案2　精神分裂者的"幻听"**
039	案件：精神失常的佣人与雇主"争执"
041	消失的行凶记忆
043	医院监比普通监更严格？
044	问诊：无故回乡，性情大变
048	问诊：三个意念中"伙伴"的出现
050	行凶者认为死者是"女巫"
054	会议：用刀从体内挖出 Bad Soul 的行为
055	问诊：一年后"伙伴"只剩一位

056	裁决：无限期入院令
057	两年一次复核出院可能
059	小榄与青山医院有何分别？

档案3　单亲妈妈"精神失控"害死子女

065	案件：妈妈烧炭子女皆亡
066	会议：谋杀与误杀的界限
068	问诊：由烧烤变烧炭
070	悲剧序幕：误成"第三者"并怀孕
073	十五年关系：由自欺到清醒
075	揭穿人生大骗局
080	问诊：被捕后一再寻死
081	会议：有无预谋为报告关键
083	问诊：病人证供与验尸报告矛盾

085	会议：一致判断被告患适应障碍症
087	裁决：谋杀变误杀，判刑七年
088	探讨：精神病人与一时失控皆可能减刑

091	**档案 4 "爱到死"——由痴恋纠缠而起的杀机**
093	案件：谋杀案凶手有没有病？
093	两位精神科医生立场各异
096	案件：害死兄长的童年阴影
098	不幸的开端——婚姻"第三者"出现
100	审讯：苦缠下的精神失常？
100	案件：用自残威胁男方就范
104	杀意由失控的愤怒而生
105	审讯：辩方专家称被告行凶时神志不清

106	疑点：走楼梯掩人耳目
109	审讯：误导调查——非精神病行为
110	疑点：行凶完清理现场
112	审讯：精神病人行凶后多逗留
113	案件：凶手自杀不遂方自首
116	审讯：是不是精神病，不只由医生判断
118	问诊：寻关西腔翻译"同声同气"
119	专家证人仅需解释论点，无须分胜负

123	**档案 5　坚持认为死者未死的凶手**
125	案件：烧杂志酿成的意外
129	问诊："没有死者，何来谋杀？"
135	问诊：否认孙女的存在
137	医生可否强制病犯服药？

139	聆讯：被告不宜答辩
140	裁决：无限期关押单人牢房

档案 6　躁郁者在"默许"下弑亲

147	案件："共死"计划
148	会议：行凶后的悔意
149	问诊：追溯躁郁的起因
153	会议：姑妈行动不便需照顾
153	案件：姑妈常把"死"挂在嘴边
155	问诊：第二重打击——姑夫住院
156	案件：脑退化的噩耗
158	问诊：来自养老院的压力
160	会议：被"害怕加药"的心态祸害
161	案件：养老院的虐待疑云

163	问诊：照顾家人是生活唯一的重心
164	案件：沉默下同意赴死？
167	问诊：为何犯人会局部失忆？
168	会议：犯案前后皆患病
169	裁决：误杀罪成，感化三年
171	**附录**
171	法医精神科医生的神秘面纱
174	鲜为人知的法医精神科
176	不能说的"精神病"
179	**后记**

序章

为犯罪者心理画像
——法医精神科的日常

2008 年 7 月 2 日　青山医院

"首先，让我们欢迎新来的实习生。"法医精神科部门主管 Gary 望向坐在末席的两位女生。今天是 2008 年 7 月 2 日，青山医院正在举行法医精神科的例会。

"我是 Mandy，请多多指教。"其中一个女孩先站起来，向大家鞠了一个躬。我们也鼓掌欢迎。

"知道我们是什么部门吗？"Gary 即席出考题。

"你们……"

"是我们才对啊！"同事 Jason 打断了她的话，大家都笑了起来。

"对，对，是我们。"Mandy 也傻笑了一下，接着说，"我们是法医精神科，这里是全港唯一提供法医精神科服务的精神科医院，于 1995 年正式成立，主要为涉及刑事罪行的精神病患者提供全方位的临床评估及治疗。此外，具有严重暴力倾向的精神病患者亦会被转介到法医精神科，以寻求专业指导，或直接交与本部门跟进……"

"哇，把我们网页的信息全都背诵下来了，很像你啊，Jason。"坐在我身旁的 Howard 指着 Jason 说，大家都笑起来。Jason 熟读条例，出口成章，人人都佩服他。

Mandy 不明白大家笑什么，尴尬地一同笑了笑。

"不要戏弄新人啊。"我拍了 Howard 一下，"我是 Robyn，也请多多指教啊。"接下来，另一位实习生 Queenie 也站起来打招呼，我们则简单地向她们做自我介绍。

我们是法医精神科，正如 Mandy 所说，是"全港唯一提供法医精神科服务"的机构。我们团队基本有六人：部门主管 Gary、顾问医生 Tom、精神科专科医生 Jason 和 Vicky、正接受高级培训的 Howard，以及我——刚刚正式成为精神科专科医生的 Robyn。"第二件事，很值得恭喜，我们的部门又壮大了，Robyn 刚完成了三年的高级培训，正式成为精神科专科医生！"同事们的掌声夹杂着欢呼声，仿佛比我还要兴奋。

"好了，那些谋杀案有人分担一下了。"Vicky 笑说。

我站了起来，也报以一笑："以后那些复杂的案件，就交给我吧。"

Gary 说："Howard 要努力啊，还有两年。上星期那单偷窥案，你处理得很好。"Howard 点头致谢，喜欢说笑的他，被人称赞时竟会有点腼腆。

"好了，轻松的时刻到此为止。我们看看手头上的案件。"Gary 翻开手头上的文件，突然又抬起头来，说："对了，这几天 Queenie 跟着 Howard，Mandy 就跟着 Robyn，了解一下部门的运作。"

主诊刑事犯的精神科医生

法医精神科，是精神科的一个分支。一个人如果在大学入了医学院，毕业之后就要到不同领域接受初级培训。精神科有许多分支科目，如儿童及青少年精神科、成人精神科、老人精神科，当然还有法医精神科。每次初级培训为期半年，完成初级培训后需要考试，合格后，就要选定科目接受专业训练，即高级培训。Mandy 现在就正接受初级培训，法医精神科未必是她的将来，但半年的训练期会让她了解自己是否适合朝这个方向发展。

"这是你第一个培训？"散会之后，Mandy 很自然地跟着我，来到我的办公桌旁时，我这样问她。

"不是，之前接受了普通精神科的训练。"Mandy 一边说，一边找椅子坐下。她比一般女孩子健谈，带点率性及莽撞："我想问，是不是如果你在这里接受高级培训，之后这里就一定会聘请你？"

"没有什么是一定的，但一般来说，在哪里接受高级培训，之后都会在同一地点工作下去。以香港为例，就只有政府提供法医精神科的专业训练，所以我在 2005 年回港之后，就一直待在青山医院的法医精神科工作。好了，说回工作。吃过饭后，下午主要是看诊，住院病人和门诊……"

"我知道！我知道！"Mandy 说话竟然也举手，"法医精神科设有五个病房，男女收症病房各一，男女扰攘行为病房各一，还有一个男性康复病房。服务对象包括涉及刑事罪行而需入住精神科医院接受观察及治疗的人士，以及转介自惩教署小榄精神病治疗中心的精神病患者。而部门亦设立了'重返社区培训中心'，借此强化法医精神科住院康复服务，协助有关精神病患者早日重返社区。

"法医精神科同事也会到屯门精神健康中心，即明心楼及东区尤德医院精神科门诊部提供服务。服务对象包括三大类：第一类，是在住院期间一直接受法医精神科治疗服务，而出院后仍需到门诊部复诊的人士；第二类，是经由法庭转介到法医精神科门诊部，接受精神状况或心理状况评估的人士；第三类，是由其他医疗专业或社会服务机构、执法机关转介到法医精神科门诊部求诊的人士。"

她如机关枪似的把网页的资料背出来，拦也拦不住，不但令我惊叹，也吸引了所有同事一起望过来，令有"背诵癖"的Jason也不禁甘拜下风。

1

档案

寻求偷窃快感的"成瘾者"

案件：束手就擒的"神偷"

2008 年 6 月 29 日　港岛区某超级市场

韩保站在超级市场的零食架前，情绪莫名很亢奋。

他已经徘徊了半个小时，开始有职员注意他，在他的视线范围内走动。那边的男职员一边收拾货架，眼尾却一直朝着他的方向瞄，半秒也没有离开过。

"一个、两个、三个。"韩保心里数着。他知道，要在他们三个面前下手，但又不能被这三个人捉到。

他把一盒饼干拿起来，放进环保袋内，然后自然地朝门口的方向迈去。他要表现得轻松自在，沿路有时驻足研究其他货物，这些伎俩他都驾轻就熟，毕竟他不是菜鸟。

他是行家。

拥有过百次不失手经验的他，这次要挑战三个店员，在他们眼皮底下逃去无踪。

关键就在离开门口的一刹那。

韩保一步一步，若无其事地，走出这个地方。

就像平时一样，韩保回头一望。

只见三个店员同时采取行动，立即追了上来，那个原本在整理货架的男子大喝一声："你没付钱！"

韩保开始拔腿而逃，沿着预想路线狂奔。他感到背后有三个人一直在追赶着，而面前的路人则面露惊讶之色，但都本能地让出一条路，只有一个路人伸手想捉住他，却被他先行撞飞。就在差不多可以摆脱追捕者的时候，韩保脑海中突然响起了一个声音："很累了。"这声音就像千斤铅压着双腿，他突然停下脚步，任由后面的三个职员把他按倒在地上……

判入精神病院＝"打得甩"[①]？

"昨天门诊和住院的工作，有没有不了解的地

---

① 这里指"脱罪"。——编者注

档案 1　寻求偷窃快感的"成瘾者"

方？"从青山医院前往小榄①途中，我问 Mandy。

"大致上了解了，看你诊断病症时，也引证了书里所说的。能够实践和应用学到的东西，感觉真的很好啊。"一打开话匣子，Mandy 就能够滔滔不绝。

"今天我们去小榄，你知道那是什么地方吗？"

"大概就是精神病人的管理所，可以这样说吗？"Mandy 想了一想，又道，"以往我还以为，因为精神病而被判入小榄，就算是脱罪了，原来是一个误会。"

"也不能算错，但不全面。小榄是一所高度设防的院所，受惩教署管辖，但不是精神病患者就一定住小榄的。

"在小榄，有三种人，第一种人是'**还押**②的病人'，这种人还未被定罪，只是疑犯，是法官决定他要到小榄的，这个决定跟我们法医精神科无关。疑犯也许有病，也许没病，总之，就是法官需要一个精神科报告，疑犯就要在小榄还押；而我

---

① 本书内文中的"小榄"为"小榄精神病治疗中心"的简称。——编者注
② 根据我国香港地区法例，被捕候审而尚未被法庭宣判有罪者，会被还押监狱，由惩教署职员看守。

们的工作,就是写一个报告,判断他们的状况。

"第二种人是'有入院令(Hospital Order)的病人',就是医生写了报告,觉得被定罪的犯人是有精神病的,遂跟法官提议要给他们入院令,而法官也同意了,那他们就要到小榄接受治疗。我们会提供药物,他们被强制服药(有关'入院令'的内容,在之后的章节会详述)。

"第三种人是'正常监狱过去的病人',在其他正常监狱如赤柱监狱、大榄女子监狱,有些囚犯突然精神状况变差,或者出现自杀行为,监狱的医生就会把他们转到小榄治疗,因为小榄有精神科护士,而其他监狱是没有的。这类人虽然是囚犯,但不是小榄的住院病人,没有入院令,所以我们不能强制他们服药。就像普通人看病一样,把药拿回去,病人是否吃,我们也管不了。不过,当他们出狱时,我们倒可以写一封转介信,要他们入院治疗。"

我原本没打算一次讲完以上的情况,但Mandy不断发问,所以我也相对回答得很仔细,一一解答她的疑惑。

"原来如此,今天我们会见的是哪一种?"最后,Mandy把话题带回今天。

"第一种，他涉嫌偷窃。法官要他还押小榄两星期，并要求我们写一个精神报告。"

"偷窃都要坐牢？"Mandy一脸惊讶。

"不是坐牢，是还押。"我笑说，"我明白你的意思。法官要他到小榄来一定有理由，我们一会儿试试找答案吧。"

问诊：沉默的艺术

2008年7月3日　小榄

在小榄的问话室，我们在等韩保。

韩保，三十三岁，已婚，有一子一女，是一个高级保险从业员。他被控于2008年6月29日，在超级市场偷了一包价值二十元的饼干。

"一会儿问诊，有没有什么技巧？"Mandy小声地问。

"尽量让他讲，讲的时候要观察他有没有说谎，有没有隐瞒，有没有夸大其词，再伺机行事。"其实，病人千种百样，实在很难概括有什么问话技巧，但让病人自己说，是一个大原则。

不久，韩保来了。他身形高大，走进来的时候笑容有点腼腆，但眼神带点不安。我听到Mandy轻轻惊叹了一声，很想白她一眼。

"你可以陈述一遍案件经过吗？"这是我每次固定的开场白。

他复述了被捕过程。虽然结结巴巴，但都能尽量把细节讲出来，直到他说他原本可以逃脱，却站在原地等超市职员捉到他。

"不逃走，是因为你其实不想偷的，对吗？"突然，身旁的Mandy像福尔摩斯上身一样。我皱了皱眉头。

"对呀……"韩保吸一口气，然后说，**"因为我很辛苦，不想这样了。我不想偷东西了，这不是第一次。我几乎隔天就偷一次，每次偷完都很内疚，但隔一天又很想去偷……"**

我做一个手势叫Mandy不要说话，待韩保平静过来后，我说："好，你由第一次想偷东西的念头开始，慢慢告诉我们。"

韩保坐直身子，思索片刻，进入了话题。

从少年时期开始的"偷窃游戏"

"我有一个哥哥，我们一家四口住在公屋。由于妈妈生我时险些难产而死，爸爸和妈妈都不喜

档案 1 寻求偷窃快感的"成瘾者"

欢我。你知道吗,我成绩很好的,运动也不错呀,但妈妈总是说:'我后悔生了你出来。'哥哥就集万千宠爱于一身,他很傲慢,看不起我,说我只有成绩好而已。在学校,我也没有什么知心的朋友,经常一个人吃饭。高一那年,发生了一件事。有一天,我回家后发现自己无意中拿走了邻桌同学的橡皮擦。最初我很怕。对方会知道吗?会以为我是故意的吗?会到老师面前告发吗?我整晚都睡不好,一直想如何在被人告发之前物归原主。可是翌日,同学居然什么都没有察觉,如常上课。我大感奇怪,除了舒一口气,竟然……有点兴奋……这时候,见另一个同学的三角尺随便放在桌上,于是……"

他笑了一笑。我请他继续。

"三四个星期之后,确切时间我忘了,我走进超级市场,想尝试偷东西的感觉。我在想,把一盒糖放在口袋里,然后在店里走一圈,再放回去,那就不算偷窃了吧?我确定每一步的细节,先在脑海反复演练,然后鼓起勇气,趁店员未察觉时把糖放进口袋里!然后,我在店里绕圈,只见店员忙着自己的事,完全没有理会我,我就把糖放回了原处。

"这是高一时的事。我叫它'偷窃游戏'。为什么是游戏?因为每次我都会把偷回来的东西放回原处,那不是偷,就是一场游戏。**接下来的几年,我都会玩'偷窃游戏'。大学后的生活好闷,空闲时间多,玩'偷窃游戏'的机会就更多,渐渐地,我不再满足于室内'游戏'的成功,开始想要把东西偷出店外。**

"有一天,我跑到青衣邨的一间玩具店,那里的老板是一个老伯。放学的时候,常常有一帮中学生到门外抽闪卡,我相信,他们可以转移老伯的视线。

"我还记得,那天天空突然下起大雨,所以没有人来抽闪卡。我来到店铺,只见老伯一个人呆坐在柜台前。我脑海中一直问自己:'试,还是不试?'我还没有答案,就已经走进玩具店,看到一排排小型玩具车,突然感到那个什么……肾上腺素,对,飙升了!我也不知道发生了什么事,很迷糊的,只知道回过神来,一辆玩具车已经放进了口袋,人已经站在店铺门外!我望着老伯,老伯也望着我,当老伯开始站起来时,我就没命地逃跑了!我记得,大雨把T恤衫都淋透了,我只顾向前跑,不是害怕,而是有一股雄心:我一定可以逃离。

"可是，在差不多要成功的时候，却碰到警察，后面的老伯指着我，大叫：'小偷，不要跑！'警察就走过来拦住我了。"

"这个案件没有被记录在案？"我重看一次手上的文件，没有这件事的资料。

"没有。因为老伯说我年轻，不想毁我前途。警察警诫一番，就放我走了。"韩保抬一抬头，坐直身子。

"之后呢？"

"之后我十分害怕！几个月都没有偷东西了。"韩保顿了一顿，继续道，"但很快'偷窃游戏'又恢复了，不同的是变成每次都有把东西偷出去的想法。大约一年后，我在将军澳厚德街市的五金铺又偷了一把小螺丝刀到店外。这次没人发现，很成功。"韩保说到这时，停顿下来，脸上有一抹笑容，也许他自己都没有发现。

线索：偷来东西却不用

我看他默不作声，示意他继续说下去。韩保叹了一口气，原本坐直的身子挨回椅背，说："之后，就开始真正偷东西了。每次偷完之后，都会觉得内疚，但如果不偷，就'周身不舒服'。我不知道怎么形容。我有节制的，三个月才可以偷一次。"

"偷什么？"

"嗯……"他想了一想，才说，"什么都偷，没有一定的对象，如文具店的铅笔、橡皮擦，超市的饼干、薯片。"

"这都是你想要的？"

"不，完全没有用的。我不是因为肚子饿才偷食物的。有时对一些用不着的文具，我偷完就会丢掉它们。"韩保想了想，又强调，"我不想偷的。我在心里对自己说，这是最后一次了，但当有机会偷东西的时候，就忍不住了。"

我点了点头。"你继续说下去吧。"

"毕业之后，我继续偷东西。这已成为习惯了，但一直困扰着我。我一边想叫停自己，一边却又继续去偷无用的物件。而且，我渐渐不再满足于绕过店员的偷窃方式了，心里面响起了一个声音，要我把难度增大：'在售货员眼皮底下偷，不是更厉害吗？'"

线索：在店员旁边下手增加刺激感

"之后，我开始试验一些高难度动作。"韩保说到这里，又笑了一笑，"最初在店员身后把糖果放在口袋中，后来在店员身旁把薯片拿走，每次看见店员聚精会神地工作，没有理会我，都会感到十分满足。

"可是，有句俗话是什么？'上的山多终遇虎'，对，终遇虎。我在中环偷 VCD（Video Compact Disc，影音光碟）的时候，被三个店员围住了，原来我一早就被盯上了。我被带到警署，这下子家人都知道了。"

我看看资料，1998 年 2 月 3 日，他在中环一家大型唱片行，把货架上的《先洗未来钱》VCD偷走，被判了罚款一千元，还要守行为[①]一年。十年前的这件案子，可能就是法官这一次要他还押的原因：怕他是惯犯。

"你从来没有对人说过偷窃的事？"

"对，从没有。家人都是在这个案件之后才知道的。之前我一直苦恼，总在隐瞒。现在终于舒了一口气，因为人人都知道了。

"这件事之后，我很感恩妻子，因为我的妻子

[①] 守行为，我国香港地区对刑事案件的一种判罚，意思是法庭要求当事人在一定时期内不再犯法。——编者注

没有抛弃我。我的父母和哥哥都以我为耻,不屑跟我说话。只有她,一直在问,直到我把一直以来自己都有偷窃习惯的事和盘托出,她就叫我律师帮我找医生。她问我,我们都没有 VCD 机,为什么还去偷 VCD？

"一直以来,我都希望有一些力量能帮助自己,但又说不清那是什么。现在回想,可能是她,也是她一直强迫我去看医生的。"

"当时医生说你患了强迫症①,那他有没有开处方药物给你？"

"有,但……"他呆了半晌,让我知道,他没有按医生指示服药,"我不觉得我患了精神病。我没有疯呀。我觉得不用服药,受到法律制裁已经足够了,我不会再偷……唉,我当时是这样想的。"

"精神病不等于疯,心理上的伤口跟你看到的刀伤、瘀伤一样,需要适当的治疗才会痊愈的。"我纠正了他的观点,然后问:"那现在呢？你觉得自己有病吗？"

---

① 强迫症（Obsessive Compulsive Disorder）是焦虑症的一种,患者脑中会不停地出现单一而重复的思想和行为,如不停洗手或检查门锁等。患者做出行为只是为了减轻心理压力和舒缓紧张情绪,而不会从中得到快感及满足感。

他垂下头，默不作声。

隐瞒过去所带来的压力致再度犯案

韩保毕业后，一直在一家有名的公司工作，但因为偷窃案，他被迫离开公司，生活也比之前艰苦。经妻子朋友的介绍，他投身了保险行业。朋友不多的他，想不到自己会做一份靠人际关系的职业，最初他做得并不顺利，后来渐渐做出业绩。

至于偷窃事件，他自己以为已经告一段落了。在一年的守行为期间，他都没有再犯案，偶尔还有想偷东西的念头，但他总会想到办法解决，如找其他事情去分散注意力等。

原本幸福快乐的生活，在 2001 年起了变化。这一年，韩保晋升为高级保险经理。升职是好事，但当应酬越来越多时，客人、下属都开始对他的过去产生兴趣。"之前在那家大公司做，为什么要辞职？"类似这样的问题，韩保都不知道怎样回答。起初他支吾以对，后来索性编造一套说辞："因为当时父亲患了重病，被迫辞职照顾他。"**每说一次，他都害怕谎话被揭穿，纵使别人未必有意追查，但这样的过去，让他感到巨大的压力。**

另一件事，是他的妻子怀孕了。原本也是开心的事，但他想到自己的工作能否养得起一个小朋友，新的压力随之而来，而且他更会胡思乱想："如果孩子将来知道父亲是一个偷窃犯，会看不起我吗？"种种压力，让他想找方法去解决，他需要做一件让自己开心的事，暂时麻痹自己。

偷东西。

有一天，他走进一家大型日资百货楼内的面包店，客人进进出出，没有大门，更没有店员驻守，只有两个收银员在忙。那是一个很好的进行偷窃的地方，几乎是零风险。韩保不期然心跳加速，他觉得，如果能带走一个面包，就能驱走这几个星期的无力感！他走进去，陌生的地方，熟悉的感觉，随手拿起一袋方形面包，假意走到付钱的队伍后，却没有在队尾停留，而是直接离开面包店。

他成功了。

但跟以往一样，几分钟之后，当偷东西的兴奋消失之后，他还是感到内疚。路旁刚好有一个乞丐，他把面包放下，随即离开。

虽然这样，他还是认为，这是一个很好的减压方法，只是不能多用。他规定自己，一定要在压力大到无处宣泄之后，才去偷一次。

可是，这并不是有效的规定，压力大小也没有客观的标准，只要觉得有需要，他就去偷。于是，接下来几年，他有时候一个月才偷一次，有时候连续几日都在偷！**他偷东西的方式也不一样了，如果决定要偷，会给自己一整天的时间，只要有机会就偷，有时一天可以偷超过四十次！**从铅笔、橡皮擦，到衣服鞋袜，只要有机会拿走的，他都会拿，有时只偷走一只鞋，然后把它丢掉。

他的理智间歇性出笼，他明白这是偷窃行为变本加厉了，所以感到十分困扰。这种困扰清晰地反映在生活上，形成恶性循环。工作提不起劲儿，业绩追不上来；对家人的态度日益变差，骂妻子、骂儿子。"你从前不是这个样子的！"有时候，妻子的当头棒喝会让他清醒，但清醒又带来苦恼……

直到被捕的那天，他的精神状态已经濒临崩溃。其实，他在超级市场偷饼干之前，曾在便利店想偷乌龙茶，但收银员忙得不可开交，他感到无趣，便把乌龙茶放回冰箱。然后，他又走到服装店，但刚巧来了一个麻烦的客人，整间店铺的职员都忙于招呼那个人，他觉得自己即使把所有衣服偷走都不会被发现，又有点沮丧。最后，他到了超级市场，知道经理在盯着他，才感到力量注满全身……

复盘：引导性问题的陷阱

第一日的见面到这里结束。我立即回到自己位于小榄的办公室，跟 Mandy 做一点复盘。

"你观察到了些什么？"

"他很辛苦啊，十几年时间，一直在挣扎。"

"还有呢？"

Mandy 好像察觉到我并不满足于她的答案，所以认真地想了一想，说："他不像在说谎，说话的时候明显带有情绪，对于自己偷东西的瘾感到厌恶，很想戒除。也看不出有什么隐瞒。一天偷四十多次东西，即使是夸张，也是想被治愈的求救信号。"

我点头，鼓励她继续说下去，但其实她的分析也不全对。

"你觉得他患了什么病？"

"强迫症？之前的医生判断他患了强迫症，但不肯服药令他不断地继续去偷。"她想了一想，又补充，"偷窃、说谎使他产生困扰，并导致他患上抑郁症，因而对家人的态度暴躁。"

我再一次点头，也是鼓励的性质。

"你知道我为什么曾叫你不要说下去吗？"问诊途中，Mandy说了一句话之后，我就请她不要再插嘴。

Mandy摇头。这是我第一次见她露出疑惑的眼神。

"首先，他虽然很帅，但你也不需要让他知道你对他有兴趣。我们要保持冷静和中立。"Mandy红着脸，低着头。"还有一点很重要，你问他：'不逃走，是因为你其实不想偷的，对吗？'其实，我们法医精神科医生问诊，要尽量避免引导性问题，尤其在比较初期的时候，我们会问开放式问题，如：'你可以陈述一次案件吗？'尽量让病人说自己想说的。因为想说什么，不想说什么，这中间的选择可能也很重要。"

Mandy点头，说："我真的没有想过！"

"我也没有在之前特别提醒你。当然，不是从头到尾都让他自由发挥，待他把案情说完，我们就可以针对他所说的加以追问。"

"明白了。谢谢你，我今天差点误了大事。"Mandy站起来，向我深深地鞠躬。

我也连忙站起来，因为她实在无须如此。

线索：为成功偷窃而骄傲

"我不认为他是强迫症。"彼此都坐下来后，我回到案情上，"有一件事，你没有发现吗？"

Mandy 的脑中充满问号。

"他在说自己偷东西的时候，描述得十分精细。而且，"我顿了一顿，调整一下用词，说，"他说得十分自信。"

"对了！"Mandy 轻轻拍了一下桌子，"他每次说到成功偷到东西，脸上都会有一抹笑容！"

Mandy 真的很聪明，我笑着说："对，所以，他虽然一直为偷窃而困扰，但他有另一面没有告诉我们，他感到自豪，他偷得很开心。"

"那么，他患的是……"Mandy 脑海中已有答案。

问诊：强迫症与偷窃癖大不同

2008 年 7 月 4 日　小榄

在前往问话室的途中，Mandy 继续提出有关案件的问题。

档案 1　寻求偷窃快感的"成瘾者"

"我们今天早上见韩保，下午会见他的太太，为什么要跟他太太见面？"

"我还想见见他的父母、哥哥，如果他们愿意，但他们拒绝，也没办法强逼。见病人身边不同的人，一方面可以侧面了解病人，如了解病人的性格；另一方面也可以核对一下资料，看看病人说的是否属实，或是否为事实的全部。比如，下午我会向韩太太确认几点：一、韩保偷 VCD 之前，她是否对其偷窃举动完全不清楚？二、是她强迫韩保去看医生的吗？韩保是否百般不情愿？三、儿子出世后，韩保情绪变差，会发了疯般地骂她和儿子，又是否属实？四、韩保近年的偷窃行为，韩太太是否全不知情？这些都要确认。"

Mandy 不断点头。

很快，我们又来到小榄，经过一定程序之后，我们跟韩保再次见面。

我再次向韩保确认案件的一些细节，然后进入正题。

"偷东西的时候，你感到快乐吗？"韩保先是一愣，然后是一阵沉默。

"是有外力强迫你偷，但你偷的时候是不快乐的、不想的，还是你是自愿偷，偷完才感到内疚？"

韩保仍然沉默，但眼神中流露出不知所措。

"换个话题，你之前不承认有病，不肯吃药。这一次，你愿意吃药吗？"

他点头。

"那么，你要坦白回答我之前的问题。我可以告诉你，强迫症和偷窃癖①都是病，但你要让我知道你患的是哪一种病。"

"两样都是病？"韩保抬起头来。

其实，我当时判断韩保患的是偷窃癖。偷窃癖也是精神病的一种。真正的偷窃，会有一种偷窃的动机，如肚子饿了，偷一个面包；想要名牌手提包，偷一个名牌手提包。但根据韩保的说法，他偷的都不是自己想要的，而是享受偷的过程，这是偷窃癖的表现。只是需要对症下药，他到底患的是之前那位医生断定的强迫症，还是我判断的偷窃癖？这中间有一个很大的差别：强迫症是你不想的，但你不偷，大脑会令你十分焦虑，不开心，不舒服；而偷窃癖是想偷的，偷的时候好开心，想

---

① 偷窃癖（Kleptomania）患者会反复地出现偷窃的冲动，但偷来的东西大多不是自己所需的，他们也不是为了物品本身的价值才去偷的，而是为了获得下手时的快感及满足感。

追寻快感，偷完之后才会内疚。一般人倾向于隐瞒快感的部分，因为觉得有罪恶感。

半晌，韩保终于说话了："是我自己想偷的，有时单单是幻想一下，就已经感到兴奋了。"他终于百分之百吐露真相："我觉得自己像一个神偷，他们怎样都捉不到我。"

至于下午跟韩太太的会面，基本上证实了韩保所述的均为事实。她当初的确不知道丈夫的偷窃问题，后来偷 VCD 的事情曝光，也是她力劝丈夫去看医生的，只是想不到之后他会重蹈覆辙。

会议：报告质询，确保客观性

2008 年 7 月 6 日　小榄

这一天，法医精神科在小榄举行例会。我们每星期都会在青山医院和小榄各开一次例会，在青山医院就讨论青山医院的病人，在小榄则讨论小榄的病人。

会议先处理了 Jason 负责的纵火案。我见 Mandy 不断地在抄笔记，相信她会学到很多。

Jason 报告完毕之后，Gary 转头问我："Robyn，你有什么要报告？"

"有关偷窃案,报告已经写好了。我认为病人韩保患了偷窃癖。"之后,我详细说明了作出这个判断的根据,Gary和Jason都问了一些专业的问题,Jason问得特别仔细,我一一解答。

"大家有没有其他意见?"Gary问。大家都摇头表示没有,然后Gary才说:"那么Robyn补充资料和其他小修改之后,就把报告交上来吧。"

这份报告,让韩保在还押小榄两个星期后离开,并被安排到青山医院复诊。

复诊:服药足以戒心瘾?

2008年12月15日　青山医院

韩保的案件排期于12月19日审理,在此之前,他每次都准时复诊,这有赖于韩太太的督促及每次陪伴在侧。由于他坚持服药,三个月后情况已大为好转。

"医生,你提供的办法有效果了。"韩太太说。上次见面,除了处方药物,我还提供了一些方法让一家人在行为上帮助韩保戒掉心瘾,恢复正常生活。

她继续道:"最初的一星期,我不让韩保上班,自己也请假陪伴他。每天我都要他在我面前吃药,一日一次，都是按时的。他外出我一定会陪同，尽量给他多一点事情做，好让他没有机会胡思乱想。"

"我现在不想偷东西了。"韩保也笑着说，"最初还有心瘾，但渐渐地不再想了。第二个星期开始上班，每次去见客，都要跟她报告行踪，见客前不可以逛街，必须在车上等，见客后又要马上回家，很烦呢……"

"谁叫你有这个病？我也不想做一个'妻管严'！"韩太太发怒，韩保只好以笑遮丑，"另外，今早终于做了那个试验。"我曾经提议，只要大家都有信心，可以找一家店铺做测试，让韩保一个人进去，看看有没有想偷东西的冲动，而韩太太则站在店铺外观察、照应，遇上什么问题，立即上前替丈夫解围。

"那么，今早的情况怎样？"其实，即使不问，我大致也想到答案了。

"第一次进店铺，最初几秒感到特别高兴，但真的只有几秒，几秒之后就没事了。"韩保说，"由于我在店铺中漫无目的地游荡，有店员觉得我可疑，不断跟着我，原本我会为此而感到兴奋的，但现在没有感觉了，甚至……有点不舒服。"

我点头称好。同一个情景，吃了药和不吃药，是截然不同的感觉，这在韩保身上得到了验证。"初步而言是康复了，但还需要吃一段时间药，才能根治。"

"明白。"答话的是韩太太，韩保当时并没有太大反应，只顾挂着笑脸。

那时候，我心底忽然浮现一丝不安，我想到韩保之前大谈偷窃时的笑脸，还有豪气万千地说："觉得自己像一个神偷，他们怎样都捉不到我。"这种超乎常人的自信，会令他重拾恶习吗？

裁决：罚款三千元，无须强制治疗
2008 年 12 月 18 日　青山医院

"Robyn！"Mandy 跑来我的座位，把韩保的报告还给我，"没有错字。"她如往常一样，笑得很开心。韩保上庭之前，我需要再交一份精神报告，说明这三个月的进展，以及做出一些建议。

"对了，你还有十几天就离开了。"初级培训为期半年，从 7 月 2 日到 12 月 31 日，所以还有不足半个月，就要与这位小妹妹告别了。

"是啊。好像只有韩保的偷窃案，是从头跟到尾呢。"Mandy 说，"希望法官可以像你报告中提议的那样，强制他接受治疗。他应该好好让自己康复。毕竟是个帅哥……"

"你又来了，法医精神科需要的是中立和冷静。"我笑说，"不过，我同意你所说的，他一定要接受治疗，因为他病了十多年，短短三个月的治疗还不够，仍然有一段康复之路要走。"

岂料法庭最后只是判了他罚款三千元，没有守行为，更没有强制规定他接受治疗。Mandy特别跑去旁听，回来后就跟我说，觉得判得太轻："可能因为他肯认罪，行为良好吧。"

我感觉到她的无奈，回应说："其实，法官如何判，都不是我们可以干涉的范围。我们知道他是犯了超过五百单案的惯犯，但法庭处理的，只是韩保人赃并获的一单案件。**这在精神科层面是严重的案件，在法律上可能只是小案而已。**"

轻判的后患

半年之后的一个晚上，Mandy约我叙旧，我们相约在一间咖啡店。半年的实习期内，她跟着我的次数最多，彼此也最投契。我喜欢她的聪明，犯了一次错，就不会再犯。她现在在葵涌医院接受儿童及青少年精神科的培训。

"你知道吗,韩保的案件,还有新进展。"我们都点了一杯拿铁,闲话一番之后,我再次提起那单她曾经跟进的案件,仿佛她还在青山医院工作。

"是吗?那单偷窃案?怎么了?"

"他因再次犯案而被捕了,在一间连锁服装店偷了一套西装,遇上了精明的店长,束手就擒,再次还押小榄。"

"为什么会这样?"Mandy想一想就明白了,"他没有来复诊?"

我说:"没有。由于法庭没有颁令,他可以自由选择,所以之后都没有见到他了。可是,即使没有颁令,我在最后一次见他时,已千叮万嘱他一定要来复诊和一定要吃药。其实,他只要多吃一年药,就可以把复发的概率降到最低。"

"他的妻子不是管着他吗?"

"韩太太气得搬回娘家,到现在都不肯接他的电话。"我说,"他有点不服气,说太太很烦,天天都强迫他吃药,而且必须在她面前吃,吃过药,又逼他来复诊,令他精神紧张。"

"似乎夫妻之间仍然有问题未解决呢。"Mandy慨叹。

"我相信韩太太十分努力,但韩保自以为已经康复了,也没有再偷东西的欲望,所以拒绝复诊吧。"我捧着拿铁,感觉到它的热度,"不吃药,就病发了,因为根本还未痊愈。"

Mandy 点头。

"他说压力大,要减压,所以又玩'偷窃游戏',之后又弄假成真了。这是一个恶性循环,**始终要服药才能彻底解决**;但这一次,我认为他是咎由自取。"

"我看过新闻,倒觉得,法官一时仁慈,没有强制他治疗,反而破坏了之前的努力,"Mandy 愤愤不平,"令他有种康复的错觉。"

"这一次,我会在报告中写明,他自行停药,没有复诊,因为复诊没有强制性。如果他肯吃药,事情将不会再次发生。不过,我不是质疑法官。**人生始终是他自己的,即使没有强制令,他也应该为自己而复诊、服药。**"我呷一口拿铁,味道适中,"他自己也有责任,而且责任最大。"

Mandy 点头,十分同意。

再过半年后,这单案件宣判,由于短时间内再犯,法官决定判阻吓性刑期,要他坐牢两个月。

档案 **2**

精神分裂者的"幻听"

案件：精神失常的佣人与雇主"争执"

2009年3月1日　港岛区某私人住宅

小玛躲在房中，因为这一天，雇主程小姐的儿子从外国回来了，二人在客厅看电视，于是她偷到难得的空闲，可是，她感到无精打采，整个人失魂落魄。

她是菲律宾人，来到香港做家佣的工作，与程小姐的工作合约刚开始两个月，但这几天她觉得跟程小姐之间出现了问题。

这时候，阿丁说："我跟程小姐谈好了，她会还你那东西。"

小玛感到很高兴，刚才在房内瞧见程小姐一边看电视一边碎碎念，不知在说什么，她就知道是程小姐与阿丁在交谈。

可是,彼特忽然对她说:"程小姐说,要你把念珠给她,作为交换。"

小玛的丈夫两年前过世了,她伤心不已。他们穷,身无长物,所以能够拿来纪念他的东西并不多,唯有这念珠,当年丈夫时时戴在身上,她还记得自己将念珠从遗体上拿下,再戴在自己手上时的感觉,那是丈夫最后的温度。

"一定要把念珠交出来。"彼特的声音带点威严,但小玛实在接受不了这个交换条件,宁死不从。

"不仅念珠,还有那本书,Book of Life(《生命之书》)。"彼特说。

"Book of Life?这本书她都知道?"小玛感到奇怪,但这本书对她也十分重要,丈夫离开之后,她就靠读这本书,挨过生命中最艰难的时光。这本书就代表现在的她,怎可以送给程小姐?突然,她想到一个点子:"不如,我另买一条念珠给她?"

"不行。"彼特说,"程小姐就是要那一条。"

之后,彼特没有再说任何话。小玛独个儿做思想挣扎,念珠和书重要,还是那东西重要?她感到疲累,其实没的选择,最后不情不愿地把念珠和书拿出来。

给她？不给她？她一直在挣扎。

"给她啦，这是你唯一的出路。"阿丁笑说。

终于，她跑到程小姐和她儿子面前，把念珠和书递给她。

程小姐一脸错愕，说："什么事？"

"你说要这个嘛，我给你了，你要讲信用啊。"小玛说着，把念珠和书放到她膝上。

"我为什么要你的东西？我不要你的东西，快拿回去。"程小姐说完，把念珠和书随手放在桌上。她的儿子一脸疑惑地望着小玛，但程小姐说："没事，继续看电视。"

小玛站在那里，大惑不解："为什么派人来房间要我的东西，但我决定交出去时，她又不要？"

小玛拿回念珠和书，回到房间。

阿丁不断地在她耳边唠叨。这一夜，她睡得不好。

消失的行凶记忆

"一会儿程小姐回家，请你把念珠和 *Book of Life* 交给她。"翌日傍晚，彼特又跟她说。

"昨晚我已经交出来了，为什么你们不肯收？今晚又来取，究竟葫芦里面卖的什么药？"小玛质问彼特，彼特没有回应。

她觉得，是彼特的问题。彼特一日在程小姐身边，程小姐就一日会觊觎她的宝物。程小姐一向对自己很好，怎会毫无来由地要拿走念珠和书？一定是彼特从中作梗。

"我要跟程小姐说，我要让彼特离开程小姐。"小玛下定决心，"我要救程小姐！"

这天晚上，当她在厨房准备晚餐时，程小姐捧着一个西瓜走进来，说："我买了西瓜，一会儿你也一起吃？"

小玛十分欢喜，忙把西瓜放进冰箱。她见程小姐心情愉快，觉得是机会，就对她说："求求你，不要拿走我的念珠。"

"我昨天不是说过吗？我不要你的什么念珠。我什么时候要过你的念珠？你傻了吗？"程小姐很快就表现出不耐烦。

小玛坚持是程小姐要她拿念珠去换回那个东西，但程小姐否认，二人开始争执。

"我说没有就没有，你为什么硬要说我要拿你的东西？"程小姐语气开始不悦，但她不想争执下去，准备离开厨房。

"程小姐，我要救你，是彼特不好，我要替你赶走彼特!"程小姐听得莫名其妙,回过头,只见小玛拿起菜刀,向自己砍来。程小姐大吃一惊,想逃离厨房,但已经太迟了,菜刀砍进她的身体,之后她倒在血泊之中。

小玛把程小姐的身体剖开,拿出内脏,喃喃自语:"Bad Soul(坏灵魂)彼特,我找到你了。"然后,望着程小姐说:"程小姐,没事了。"

这是 2009 年 3 月 20 日小玛第一次的口供内容,但当我第二次跟她见面的时候,她却对杀人的起因及过程全无记忆,只记得自己把程小姐杀掉这件事。

医院监比普通监更严格?

在小榄的门外,我遇上 Vicky,大家都准备离开。"这么巧!"沿途有伴,也是不错。

"刚见完一个病人,严重伤人,我写了两年'医院监',法官接纳了。"

医院监的正式名称就是入院令。根据香港地区《精神健康条例》第四十五条,当一个人被定罪,而该人为精神紊乱的人,或者该人精神紊乱的性质或程度足以构成理由将他羁留在精神病院以接受治疗,法院就可以凭借入院令,授权有关机构将该人收入并羁留在精神病院。而香港地区唯一的精神病患者高度设防院所就在小榄，里面除了还押候审的疑犯、从正常监狱暂时转过去的犯人，还有有限期入院令的犯人及无限期入院令（等同终身监禁）的犯人，但后者最终亦有机会转到青山医院再被释放，视具体情况而定。

"说到入院令，很多人以为我们的精神病报告等于减刑，如果他们知道入院令的真实情况，应该会惊讶。"我笑说。

"对呀，在普通监狱起码会扣除假期提早获释，行为良好又可以减刑，相比之下，入院令严厉得多，一年中没有休息日。"

还有一段路就回到青山医院了。Vicky问："你刚才见的，就是上星期那个杀雇主的菲佣？"

我点头。"有点棘手"。

"我看报纸时也有同样的感觉。这次事件，并不简单。"

问诊：无故回乡，性情大变

2009年3月24日　小榄

在跟小玛见面后十来天，我约了小玛的母亲

大玛来小榄的办公室跟我见面。大玛身形肥胖，长相跟小玛有点相似，面容友善，只是焦急和担忧的神色都写在了脸上。

"我们都叫玛利亚，自从女儿跟我来到香港工作之后，朋友就叫我大玛，叫她小玛了。

"我生了六个孩子，她是大姐，在菲律宾读助产士相关课程，二十三岁毕业，毕业后做过大约一年售货员，之后我叫她不要工作了，留在家中照顾弟弟妹妹。收入方面，由我负责——我到香港当家佣，赚到的钱寄回去。很多菲律宾人都这样做。

"2007年，我建议她来港工作，因为我那边的雇主需要多请一个佣工，所以我向雇主提议请我的女儿过来，我们既可以多赚些钱，我又可以教导女儿，这是对大家都有利的安排。"

我点头，鼓励她继续说下去。

"她的工作是照顾雇主的妈妈，是一位上了年纪的老太太，约莫八十岁，但真实年龄我不知道。她住在同一小区的另一座大厦，虽然不是同住，但可以相互照应，不过后来小玛自己辞职了。

"唉，其实都是我不好。星期日假期，我常常要她跟我的朋友在一起，我的朋友有时会取笑她常常跟着妈妈、没有自己的生活。她听着有点介意，为了证明自己有能力独立工作，就辞了职。其实这份工作很简单，也很舒适，老太太很和蔼，小玛只是做基本的家务，在老太太出入的时候扶她一下而已。"

根据记录，小玛谈到过自己的丈夫在2007年过世了。

"对呀，心脏病，我都想不到。**他们结婚数年，一直都好好的，夫妻恩爱。想不到她来香港不到几个月就发生了这种事。此事之后，她情绪低落了好一阵子。丈夫死去怎会不伤心，我也很伤心，一家人互相安慰。**她说过自己睡不好和食不下咽。

"不想吃东西的日子有多久？让我想想……我都没有太留意时间，总之最后没事了。她还有两个儿子，当时一个八岁，一个六岁，由我另一个女儿照顾。她们两姐妹感情很好，每天都会打电话互报近况。

"可以说，直到案发前，我都不觉得她有什么问题。她不抽烟、不喝酒，也看不出有什么病。一直以来都是一个很安静的孩子……"

之后，我问了她一些案发前后的事情，才有了新的发现。

"她转工前,曾回菲律宾两星期;转工之后,只做了一个月左右,她的雇主,就是死者,准许她再次请假两星期回家。我不知道为什么只做了一个月她又请假,家中也没有什么事发生,也不知道雇主为什么会批准。但据我另一个女儿说,她在第二次回家时性情大变,经常发脾气,见人就骂。"

"只是第二次?"

"对,第一次没有这个情况。"大玛点头。

"这都来自你另一个女儿的转述?"

"对。"大玛又是点头,"我自己没有特别的发现,可能我一星期只见她几个小时,也可能我是她母亲吧,脾气没有发到我身上。"

"小玛自己还有没有说过其他事?"

"有,有。"大玛还是点头,"**她说听到一些奇怪的声音,但当时我只以为,她睡得不好,精神不好,就以为自己听到声音。**我叫她早睡一点,不要胡思乱想,努力工作,很快就会没事了。"

这也如上次小玛所说的,也是问话的重点内容,我想知道大玛知道多少。

"那段时间,我觉得她很憔悴,很担心她。"大玛微微一顿,突然说,"但没听过她想砍人。"

问诊：三个意念中"伙伴"的出现

2009 年 4 月 16 日　小榄

之后每隔一个多星期，我都会去小榄替小玛复诊。直至一个月后，她才愿意多告诉我一些信息。

第一次问诊，除了案情，我也让她交代其余的背景，如跟程小姐的关系，跟阿丁、阿伦和阿美的关系。

要她重复描述，也是判断她说话真实性的方法之一。而这一次，大致也确认了以下的事实：

第二任雇主程小姐是经纪公司介绍的。她一个人住，跟丈夫离了婚，儿子在外国读书。她在中环上班，每天一大早就出门，所以小玛要五点半左右起床预备好早餐给她。

大约晚上八点钟，程小姐便会下班回家，小玛要在这之前煮好饭；但程小姐有时也会外出吃饭，那小玛就不用煮了。星期六和星期日程小姐通常不在家，这也是小玛放假的日子。

"白天很闲的，没事做，屋子也不用天天清扫。程小姐人很好，当然，有时我做错了，她会骂我，但这是正常的吧，做错了要受责备。她骂完也不会放在心上，我也一样。"

之后，见她没有补充了，我就转了一个话题，想让她谈谈她的朋友阿丁。

"阿丁出现的时间，大约是新工作开始之后。除了阿丁，还有阿伦和阿美，阿丁和阿美是女孩子。他们都是三十来岁，说菲律宾话，都是在香港做家佣的，在附近工作。"

我点了点头，然后问了一个比较关键的问题："他们长得怎么样？"

"我看不到他们，只能听到他们的声音。但所有菲佣都知道他们的存在，连妈妈都知道呀！"

事实上，大玛不知道，其他菲佣也不知道。小玛口中的阿丁、阿伦和阿美，只有她自己才知道他们的"存在"。

初步判断，小玛患了精神分裂症[1]，有思觉失调[2]的症状，她把实际上并不存在的阿丁、阿伦和阿美，当成了现实生活的一部分。

---

[1] 精神分裂症（Schizophrenia）属于重性精神病，患者会出现异常的思想、语言和行为，包括妄想、幻觉、幻听等症状，如感到有人控制自己的想法，或意图谋害自己，并可能导致恐惧、退缩或情绪激动；而此类病人并非拥有多重性格或性格分裂。

[2] 思觉失调（Psychosis）的定义比较广，泛指不正常的精神状态，其中也包含精神分裂症，症状包括思想及言语紊乱、情绪起伏不定。

行凶者认为死者是"女巫"

"他们三个人一天到晚都在我耳边说话,令我很困扰。但他们真是什么都知道!程小姐的事他们知道,程小姐晚上不回家,究竟去了哪里,我不知道,但他们都知道;他们也知道我菲律宾的家发生了什么事,还常常跟我说:'如果不听我的,我就令你的儿子生病!'我很害怕,他们真的有这种能力,我只能听他们的。不口渴也要喝水,打扫完又要再打扫,总之他们说什么,我就要做什么。三人之中,阿丁的话最多,主意也最多;阿伦一开口就是威胁,我最怕他;阿美话不多,但没句好话,是她跟我说在菲律宾的儿子病重快死了,吓了我一大跳,于是我立即打电话回去,幸好儿子什么事都没有。三个人戏弄我之后便疯狂嘲笑我。"

之后,小玛沉默了。我望了一眼手头上的资料,决定探究她跟程小姐的相处方式。"你在程小姐那儿只工作了一个月,就可以放假了,是程小姐批准的?"

"对,她爽快地给了我两个星期假,说自己也会去旅行,所以不介意我回菲律宾。"

我点一点头，继续问道："你急于请假的原因是什么？"

"我想避开阿丁他们。"小玛说起话来战战兢兢、声如蚊蚋，生怕有人听到似的，"我以为只要离开香港，就能够远离他们……但不行。"她样子有点沮丧，仍然小声地说，"他们也会乘飞机，跟我到菲律宾！"

我点一点头，让她继续说。

"在菲律宾，阿丁的话也变多了，我常常跟他们……"说着，她向左右张望，"……吵架，吵得我妹妹特意走过来问我是否不开心。"

根据大玛的说法，家人觉得小玛性情大变，但在小玛的角度，她就是跟这三人吵架。

"妹妹也认识阿丁、阿伦和阿美？"我确认一下。

"当然，人人都认识他们。你也认识的，他们今天都在。"

我点一点头。她还没有接受治疗和吃药，所以声音一直都在是合理的。

"他们只是一直在说话？"

"不！"小玛摇摇头，把食指贴在唇上呢喃着，"他们会抽走我的能量和灵魂！"

"如何抽走？"

"那时候，我望着镜子中的自己，发现脸色越来越苍白，也越来越没精神。这一定是阿丁他们搞的鬼！"小玛说着，跟我的眼光对上，并向后瞄了瞄，就像在人背后说长道短却担心被发现一样，"我试过买一些维生素吃，但完全没有帮助。"

"有叫他们离开吗？"

"有呀！我跟阿丁说，叫他们别抽走我的能量和灵魂，请他们离开，但阿丁说不关他们的事；他们说……"小玛深呼吸一口气，继续道，"关程小姐的事！一切都跟程小姐有关！"

"为什么跟她有关？"

"你知道吗？程小姐其实是一个女巫，她向我下了一个降头，把我的能量和灵魂吸走了！"小玛不自觉地用回正常的声线说话。

"谁跟你说的？"

"阿丁啊！"她瞄了瞄后面。

"你为什么相信她？"

"她跟我说我的头、身体，都渐渐变成白色了，这都是程小姐的降头造成的！我照了镜子，身体真的渐渐变白了！而且……"她突然站起来，脱下裤子，用臀部对着我，说，"你看，连这个位置都瘦了，比正常人都瘦。"我被她突如其来的举动吓了一跳，连忙站起来，请她穿好裤子，坐回椅子上。

我等她整理好后继续发问："可是，他们有时会说错。阿美说你的儿子生病了，也是错的。"

小玛摇摇头，说："不。因为后来连程小姐都承认了。"

"怎样承认？"

"有一天，程小姐的 Bad Soul 从她体内跑出来，这个 Bad Soul 叫彼特。他向我承认了一切，是程小姐把我的能量和灵魂都抽走的！你不了解吗？对啊，我也不了解，程小姐为什么要害我？是我工作得不好吗？"小玛说着，表情就是一脸的不解，也带着点委屈。

"之后怎样？"

"阿丁帮我出面，跟彼特交涉。"

"交涉了什么？"

小玛突然静默，这次问话就仿佛定格在这一秒。

之后的事情，她都忘了。

这次见面，她忘记了程小姐想要她的念珠和 *Book of Life* 这本书；她忘记了程小姐"反口"不要她的念珠和书；她忘记了在厨房的争执……

她只知道，彼特忽然消失了，再也没有出现。还有，**程小姐被她杀死了。**

会议：用刀从体内挖出 Bad Soul 的行为
2009 年 4 月 18 日　小榄

"根据第一次的口供，小玛并不是想杀害程小姐的。她想帮程小姐把 Bad Soul 彼特从身体里赶走。她觉得一切都只是彼特在作怪，不关程小姐的事。杀人那一刻，她是想用刀把彼特从程小姐身上挖出来，谁知程小姐却这样死了。"我报告到这一部分时，大家都不禁叹息一声。

"现在，那三个声音仍在，而小玛一直纳闷的是，程小姐死了，Bad Soul 彼特也走了，但她自己的能量和灵魂并没有回来。"

"她仍然活在思觉失调的世界，不肯服药吗？"Jason 真的料事如神。

"前几天仍是这样。我们没有权力强迫她服药，她也不相信自己患了精神分裂症。但经过同事的努力，她今天开始愿意服药了。希望是个好的开始。"

"自从第一次问话之后，她都忘记了砍人的事，对吗？"Gary 问。我点一点头。他继续道："其实孰真孰假也很难判断，不过这件事对她来说过于震撼，脑袋也可能会自动忘记。"

"我认为最大的问题是，要让她明白自己被指控有罪会有点困难。"我说话的时候，Jason、Vicky 和 Howard 都点了点头，"因为她一直相信幻听是真实的，不认为自己杀了人，不认为自己做错了。她觉得有必要把 Bad Soul 彼特赶走。"

"离审讯还有很长时间，希望药物发挥作用。Robyn 继续跟进吧。"Gary 说。

"没问题。"

问诊：一年后"伙伴"只剩一位
2010 年 3 月 5 日　小榄

事件差不多过了一年，我一直跟进小玛的案件。上庭前的两星期，我到小榄再次探访小玛，她已经精神多了，"能量"和"灵魂"都在。

"我会承认误杀。"她对我说，"我虽然还是不太明白，但知道程小姐死了，是因我而死的，我愿意负责任。"

自始至终，她都不太明白什么是精神病。为此，我们找心理学家跟她倾谈了几次，她渐渐了解到，之前的某些事情并不真实。

"阿丁有没有意见？"

"她笑我蠢，说我根本没有杀人，为什么要认？但我知道她想控制我的思想，我努力要自己不去理她。"这一年里面，阿伦和阿美都消失了，但阿丁还在。这是药物见效的缘故，但康复还需要时间。

无论如何，这是走向康复之路。

裁决：无限期入院令

在交给法庭的报告中，我们首先建议了"减责神志失常"，因为小玛没有杀人动机，其是因为精神病而杀人的，所以由谋杀改判误杀。

然后，因为属于第一次发病，之前又没有接受过精神科治疗，没有前车之鉴，所以我们都无法推测她何时会康复。而小玛是主动杀人，是一个危险人物，所以给了她"入院令"，刑期是"无限期"。而根据《精神健康条例》的释义，入院令"具有效力使某人须接受治疗"，所以她必须服药，希望有一天能够痊愈。

法庭接纳了我的报告，小玛被送到小榄医治。

两年一次复核出院可能

2012年8月17日　青山医院

两年后。

这一天,我正准备离开青山医院,在大门外又撞见Vicky。

"我刚刚开完MHRT会议。"

"我正要去参加MHRT会议。"

我们相视而笑。MHRT即Mental Health Review Tribunal,就是"精神健康复核审裁处"。医院会就不同病人的个别情况,定期向审裁处申请复核病人的离院或转院的可能性。

而这一天,就是小玛第一次复核的日子。

两年来,我一直跟进小玛的个案,而在会议之前,我要准备一份报告,讲述小玛进小榄之后直到今天的精神状况有没有改善,以及我们觉得下一步应该怎样处理。

聆讯上午十点半开始,我到达会议室,主席是一名裁判官,而由他委任的三位成员,一位是从外面找来的精神科医生,一位是社工,一位是其他领域的专业人员,如心理学家、律师、会计师等,他们就是此次判定小玛能否离院或转院的关键人物。其中精神科医生在会议前要跟小玛单独见面,利用他的专业判断小玛的康复情况,以及他觉得应该如何处理。这是对病人的保障,由一个不熟悉病人的医生做一个对照参考。

而我的角色是主诊医生,会被问话并需要交代情况,但首先需要被问话的是小玛。

"现在还有声音骚扰你吗?"社工问。

"声音?"小玛有点不解。

"是指阿丁、阿伦和阿美。"那位精神科医生给她提示。

"啊!他们都走了。阿伦和阿美一早离开了,阿丁前阵子才走。我一直都见不到他们。"

"你还记得杀死雇主时的情况吗?"社工继续问。

小玛摇头,说:"我不是想杀死她。虽然我不太明白,但我知道她因我而死,所以我要负责。"

接下来,他们继续问小玛问题,小玛的回答显示她虽然精神不错,但还未痊愈。

当小玛离开之后,他们就向我这个主诊医生了解情况。

"判决过后,经小榄的医护人员悉心照料,小玛是有进步的,但病情一直都很反复,直到近月,最后一个声音阿丁终于也离开了。我的判断是初步痊愈,但不建议她离开小榄,至少要多观察一年。

"她现在的问题,在于对过去的认知。**即使所有声音都不在了,但在她的认知里,她仍然觉得之前发生的一切都是真的。**三个声音都走了,她不再困扰了;但在她心目中,这三个'人'曾经存在过,她的能量和灵魂也曾经被抽走过。她不认为这是病。她觉得一切都是真实的,自己是受到阿丁的误导,才会去杀人。"

小榄与青山医院有何分别?

回到青山医院,我累得不想工作。被问话是很累的,有时我也有点同情需要被我问话的人。

"你有权力决定有无限期入院令的病人能否出院吗?"又到解答正接受初级培训的同事问题的时间。在这里,每半年就会遇到新加入的同事,这次是个叫 Suki 的可爱女孩。

"没有,我只是写报告和答问题,也会提出意见,但他们不一定接受。"

"他们是谁?"

我简略解释一下审裁处会议成员的组成，然后说：“会议成员先向病人问话，然后向我问话，之后他们就关起门来讨论。决定是由他们做的。他们有法律和医学学者的专业意见，也有作为普通社会人士的客观意见，得出的结果是最公道的。”

"如果他们同意了，病人就自由了。"

"那也不一定，情况有几种。"Vicky突然走过来，说，"第一种就是出院，离开小榄，重入社会，但毕竟曾经犯下严重罪案，大部分情况都是'有条件释放'。根据香港地区《精神健康条例》第四十二条B款'有暴力倾向病人的有条件释放'……Jason！"Vicky望向Jason的座位，Jason露出被戏弄的不满表情，但还是接续Vicky的话："院长可要求获有条件释放的病人遵守下述事项——（a）居住在院长所指明的地方；（b）到院长所指明的医院的门诊部或所指明的诊疗所；（c）服用医生开的处方药物；或（d）受社会福利署署长监管。"Jason说完，继续埋头苦干。Suki以掌声表示佩服和谢意，但Jason完全没理会她。

"还有其他的情况，如可以离开小榄，但要入住青山医院，即我们这里。"我说。

"有什么分别？"

"小榄是高度设防院所,是特殊的医院,而青山医院的设防跟普通医院相当,这表示病人不需要如此高设防,但要继续医病。他们仍然是在接受入院令的情况下来青山,待遇跟在小榄一样,包括必须服药接受治疗,而每年都可以做出离院申请;如果病人本身没有申请,审裁处每两年会复核。"Suki 不断向我点头,我多补充一点,"当然,转入青山医院,离出院又迈进一步,但实际上仍然要经过审裁处的程序。"

我想起小玛,叹了一声。

最后,审裁处认为小玛的精神病只是刚刚好转,需要继续治疗,并没有给她离院许可。

3

档案

单亲妈妈"精神失控"害死子女

案件：妈妈烧炭子女皆亡

2009年8月24日　港岛区某私人住宅

佩珍醒过来的时候，只觉头痛欲裂。

她趴在地上，反胃作呕，吐了一点点，感觉舒服了一些，又吐。

她头脑开始清醒，望望四周，是自己的家。日光照射到沙发上，墙壁上钟的时针刚好指着十二。

"我为何在这里？"佩珍仍然迷迷糊糊的，但当目光放到身边烧着炭的汤煲上时，昨晚发生的事突然像电击般闪现在脑海。

"阿华！阿国！阿咏！"不知何来的力气，她爬了起来，直冲到子女的房间。

温暖的浅黄色睡房中，双层床的上铺是儿子

阿华和阿国，下铺是女儿阿咏。阿咏床边的布丁狗向着她笑，但旁边的阿咏毫无反应，仿佛还在睡梦当中。

"醒来，阿咏！醒来！"她应该已经看见阿咏脸色发紫，却视而不见。

"阿华！阿国！上学了，阿华！阿国！"她朝上铺喊去，只见二人仍然埋首被下。

不知过了多长时间，她哭了。

哭到无力，又晕了过去。

又不知过了多久，她再一次醒来。六神无主的她，却只想到一个人。

她打电话给这个人，跟这几天的情况一样，他一直没有接。

唯有打给他的妻子。

最后，那个人的妻子报警，五分钟后警察上门，以涉嫌谋杀的罪名，把佩珍拘捕了。

会议：谋杀与误杀的界限

2009年9月3日　青山医院

"什么是 Diminished Responsibility？我有点不明白。"下半年换来一个男的实习生，叫 Robert，有点鲁钝,但有问题愿意发问是成功的第一步。

我还没来得及回答,Jason 插话:"Diminished Responsibility,译作'减责神志失常',根据香港地区《杀人罪行条例》'受减责神志失常影响的人'的第一点,凡任何人在杀死或参与杀死他人时属神志失常,不论是由心智发育停顿或迟缓,或与生俱来的因素,或疾病或受伤所引起的,而其程度足以使其对杀人或参与杀人时的作为及不作为的意识责任大为减轻,则该人不得被裁定犯谋杀罪。再加上第三点,任何人若非因本条规定原可被裁定犯谋杀罪,不论作为主犯或从犯,则可转而被裁定犯误杀罪[①]。这下子你应该明白了吧。"

Jason 对法律的热爱异于常人,随时随地可以引用法律条文,并清楚章节和段落。但法律条文内容艰深,看来 Robert 比之前更摸不着头脑。

于是我补充:"简单来说,就是因为精神失常而减刑,由谋杀变成误杀,这只有在谋杀案中才会发生。只要能够证明疑犯行凶的时候处于精神病发作的状态,那就可以由谋杀变误杀。"

"原来如此。"Robert 恍然大悟的样子似乎令

---

① 我国香港地区罪名之一。——编者注

Jason 感到泄气，我却多向他露出一抹胜利的笑容。

"Gary 找你呀。"他留下这句话，就没趣地回到座位。我走到 Gary 房间前敲门，待他应声我便入内。

"Robyn，现在你手头上有什么案子？"刚坐下来，Gary 就这样问我。我简略说了一下之后，他就说："我想请你跟一跟这一单。"说着，把一个文件夹交给我。

"上星期发生的，相信你也留意了。母亲烧炭，没有死；同住的三名子女却死了两个，中间的儿子被救回，但一直昏迷，恐成植物人。母亲被控谋杀，要写一份精神病报告。"

"我明白了，交给我吧。"

问诊：由烧烤变烧炭

2009 年 9 月 4 日　小榄

病人名叫佩珍，今年三十五岁，是一个钢琴教师，未婚但有两子一女。本案的两名死者——十四岁的大儿子阿华，九岁的小女儿阿咏，还有恐怕会成为植物人的十三岁的次子阿国，都是跟病人同住。

"你可以陈述一遍案件吗？"

虽然佩珍心里还十分混乱,但对烧炭的过程还能说出一个大概。

"那天,我突然觉得生无可恋,随即生出一个念头:'不如去死算了。'可是,我望着阿华、阿国和阿咏,他们怎么办?他们的父亲是不会照顾他们的;我的父母……我们很多年没有见过面了,他们也有自己的烦恼,会收留小孩吗?不会吧。

"只有一个方法,由我继续照顾他们,他们跟我一起死,就是最好的;而且,我是他们最亲的人,我死了,他们会很伤心,不如让他们跟我一起死吧!

"我思考了四十五分钟,决定烧炭。

"炭,是当天从超级市场买回来的,原本是打算下个星期日跟他们烧烤时用,因为刚好有这东西,我才选择这个方法。

"我拿了两个大汤煲,放两包炭进去烧。我记得很清楚,是十一时十五分开始烧的,花了一小时才烧着。我不懂透火[①]啊,以前去旅行,都是同学烧饭。之后,我把炭拿到阿华、阿国和阿咏的房间,他们都睡着了,没什么知觉。之后,我吃

[①] 广府人家旧时用柴、煤球或散煤烧饭时,先点燃引火的小柴枝,谓之"透火"。——编者注

了两粒安眠药，关掉手机，再在睡房中把被子拿出来，堵着门缝，大概在这个时候吧，我就晕了。"

我一直听着她的自白，可是，她只肯说烧炭的事，但问到动机，就三缄其口。这样是查不出所以然来的。

于是，我只好转为旁敲侧击。

"可否谈谈你的大儿子，也就是死者阿华？"

"他原本跟他父亲一起住的，最近才搬回来。"

"还有呢？"

"他们闹翻了，才回来。"她把头垂得低低的。

从大儿子谈到他父亲，从他父亲谈到她家人，以及为什么这么多年没有与家人联络，几经周折，才让她说出自己的故事。

悲剧序幕：误成"第三者"并怀孕

"我从二十岁开始，就跟家人断绝联系了，只因为我执意要跟男朋友在一起。至于男朋友是谁，可以不说吗？一说，你们就会知道。我在1991年认识他的，姑且叫他X先生吧。X先生比我大十七岁。我们在认识三年之后开始拍拖，半年之后就有了阿华，那时我才知X先生原来有一个同居女友，叫她Y小姐吧。我怀孕以后，X先生说愿意负责任娶我回家，但当时我知道Y小姐因为我的存在而很不开心，我很内疚，自己是拆散他们的第三者，我不愿意这样伤害她。

"我不知道怎样做。我想离开X先生，又不想家人知道自己怀孕这件事，所以我欺骗了他们，说去美国读书，其实是散心。后来，X先生竟然追来美国找我，于是我们在美国玩了一星期，回港后X先生把他原本的住处给我住，说会养我，但我要他继续跟Y小姐在一起，他无奈之下听从了我的话。

"这个住处只有我和子女们住。X先生后来跟Y小姐结婚了，所以更不可能跟我们一起住。在我将近分娩的时候，X先生安排Y小姐和我见面，她最后还是接受了我的存在。关系很怪，对吗？但我们就是互相接受了。我跟Y小姐不算熟络，算是相识一场吧。

"后来，阿国和阿咏都出世了。我一个女人，怎样同时照顾三个小朋友？虽然他给我钱，他赚很多啊，钱从来都不缺，但同一时间照看三个孩子，有点吃力，分身不暇。这时候，X先生有一个提议，把阿华交给Y小姐抚养。

"Y小姐没有子女，什么原因我不知道，但由于我真的没办法照顾三个孩子，所以只好接受。幸好，我见他们二人，尤其是Y小姐，真的视阿华如己出，对他很好，我也渐渐接受了。虽然感觉跟阿华疏远了，但事情总有取舍。

"大家一直相安无事，直到2002年。之前，我们都住在港岛区，相隔一栋大厦而已，他每个星期至少来探望我们两次；但这一年，他们要搬走了，搬到西贡，因为Y小姐想养狗。很远啊。我担心这是分手的先兆，不但跟X先生分开，还有阿华——只会对着Y小姐笑的阿华。

"这之后，我常常头痛，又睡得不好，甚至要靠吃安眠药才能入睡。我没有看精神科，当时压根儿没有这个念头，觉得没这个需要，自己尚能控制，两三年后就痊愈了，相信是因为接受了新的生活模式。X先生没有离开我，现在回想，关系当然是疏远了，他没有再来我家，而是每逢星期日，我们三人到西贡找他们。Y小姐很识趣，会自动离开，让我们享受天伦之乐，阿国和阿咏见到哥哥都是开心的。

"对于X先生，我觉得反正他是好爸爸，既尽责任，又肯出钱供小朋友读书，那就算了，我自己有点不开心，但总的来说也能接受。"

说到这里,她沉思了一番。我就坐在她面前,等待她继续告诉我之后发生的事。

十五年关系:由自欺到清醒

"2007年这一年有一点变化,X先生跟我们见面的时间突然变多了,连平日都会突然来我家。他已经五年没有回来了,这一年他常常回来,我觉得很高兴,因为他又回到我身边了。而阿华,也在差不多的时间搬回来跟我同住。他们都长大了,现在我看顾三个不成问题。

"可是,为什么?为什么X先生会倏地改变?我也会思考。我觉得,X先生跟Y小姐一定出了些问题。我有点气Y小姐,你想想,X先生一直就在她身边,为什么她不对X先生好一点?我连想对X先生好的机会都没有啊。我很生她的气,原本我跟她还有一些共同话题,但自此之后就连半句话都不想跟她谈。

"这样的情况又维持了两年,到了2009年8月21日(即案发前三天),那天是星期五,我一个人去西贡找X先生。儿女开始有自己的想法,尤其阿华回来之后,他们三人都不太愿意见爸爸了,每星期一样的行程让他们觉得闷,西贡也让他们觉得很远。

"那天,X先生突然跟我说:'你不要走,等Y小姐回来再走吧。'那好吧,我就陪他喝下午茶、吃晚饭、看电视,一直在等,等到凌晨一点,Y小姐才回来。可是,他们连招呼也没有打,Y小姐就径直入房拿睡衣洗澡去。X先生见状,就从冰箱拿了一打啤酒,带我到楼下,找了条长椅,对饮起来。

"可能是酒后吐真言吧,他突然跟我说起Y小姐的事,说他感到不开心,因为跟Y小姐的关系越来越差。他一直说一直说,把他们相处的点滴都告诉我。

"他说的时候其实我也没专心听,所以我复述不了他的话,对不起。那时我在想自己的事,我在想,为什么他会为Y小姐而如此不高兴?我跟他一起这么多年,以我所知,他一次都没有为我哭过,即使有一些不开心,也没有哭过;相反,我为了他,夜不安寝,弄得要吃安眠药。

"在此之前,我一直认为自己跟Y小姐地位是平等的。虽然他们有婚姻之约,我没有,但我不是地位较低的一个。我们……没有一起住,只是因为他们一直在一起，结婚了，我不想打扰他们。我只是没有要求过，不代表我地位较低，对吗？但原来是不一样的。我一边望着他，一边这样想。可能……其实自己，就是第三者。就是那一刻，我突然冒出不一样的想法。难道他一直欺骗我？还是，我一直在欺骗自己？"

揭穿人生大骗局

X先生醉倒了，佩珍没有力气扶起他，只好打电话请Y小姐下楼帮忙。

Y小姐来了之后，两人就一人一边把X先生搀扶起来，拖着他回家。

一路上，除了X先生偶尔的醉话，就是沉默，两人半句话也没有说。好不容易回到家，把X先生拖到床上后，佩珍就去洗个脸，准备离开，却见Y小姐一个人躺在沙发上。想到刚才X先生的情况，她忍不住质问Y小姐："为什么X先生对你这么好，你这样对他？"

Y小姐冷不防佩珍突然质问她，情绪一下子变得激动，她站了起来："他对我好？你不要太天真了。你以为他只有我们两个吗？你太傻了，我告诉你,他外面至少有五个女人,而且都替他生了孩子!"

佩珍听到Y小姐的回应呆住了,半晌说不出话来。她一直以为Y小姐和她就是X先生的全部,原来,两人只占这个男人很少的一部分。

"我不信!"佩珍很痛苦地说出这句话。

"我为什么要骗你?"Y小姐再一次坐下来,表情也恢复冷静,"所以,我的心淡了。坦白说,我忍他有你一个就算了,但有三个、四个、五个,怎样忍?所以,我也跟他疏远了,自己有自己的玩法,自己找节目。"

佩珍望着她,只觉得晴天霹雳。

"你想问我为什么不干脆离开他?他供给我生活所需,所以我离不开他。"

其实,佩珍没有想过Y小姐,她脑袋里一直都只有X先生。**她十七岁认识他,二十岁开始跟着他,一直受他照顾。她已经把他放在心里一个很重要的位置,比"丈夫"更重要,像一个神,所以她可以不计较名分,觉得这个男人做什么都是对的,也不会做对她不好的事。**

可是,她从没想过,他外面还有其他女人。她冲进卧室,想把X先生叫醒,一边推他,一边问:

"是不是真的？是不是真的？Y小姐所说的是不是真的？你是不是外面还有女人，还有孩子？"但X先生醉倒了，又怎么回答她？

直到早上六时，她才头脑混乱地回家。在路上，她一直在想：是真的吗？是真的吗？

是时候离开吗？

我的人生一直都是错的吗？

我被骗了吗？

X先生是坏人吗？

我浪费了我的青春吗？

"不如死了算了。"

她感到极端困扰，虽然前一晚完全没休息过，但回到自己家后还是睡不着，也吃不下任何东西。

她感到无助，跟X先生和Y小姐的关系，她完全没办法跟任何一个朋友讲。虽然她自己接受这种关系，但要将之暴露在阳光底下，还是会感到羞耻。

在一年前，她跟失联已久的家人通过社交网络重新联络上了。在这方向顿失的当下，她想到家人。她想搬回家，跟家人一起住，冷静一下，也想得到一点温暖，于是她致电家里表达想搬回去的意愿，却没有直说原因，母亲不知就里，说因为父亲刚做完器官移植手术需要静养,她现时搬回家不太方便。

佩珍当下心想,不要紧,因为她想依靠的是X先生。她想等X先生亲口告诉她,Y小姐所说的都是捏造的,X先生一直以来只有她们两个,过去是,现在是,将来也是。

只要他亲口说一声,即使是假话,她都会相信。

可是,X先生一整天都没有找她。这晚,趁小朋友都睡着了,她打电话找X先生,但X先生没有接听,最后,她只好打给Y小姐。佩珍用十分认真的语气问她:"你昨晚所说的,是否全是真的?"Y小姐没好气地回答:"你不信,就找X先生问吧。"语气无奈,内容却很有力,佩珍听着,不由得不相信。

她伤心得崩溃痛哭,被自己心目中最亲、最爱、关系最好的人欺骗,她接受不了,完全接受不了!

她的哭声吓醒了阿华、阿国和阿咏。三人都不断安慰她,问她发生了什么事。

"是不是因为爸爸?"阿华一脸气愤。近年才回来跟母亲同住的阿华行为有点异常,发脾气时会乱掷东西,也动手打弟弟妹妹,甚至有一次吓得妹妹要报警，遭警司警诫。她看见阿华为自己而气愤，不禁拥着他，也同时将阿国和阿咏拥入怀中，她觉得，他们四个人都很可怜。

后来她哭累了，终于睡着了，但也睡得不好。

翌日，**虽然依旧有学生来跟她学琴，但佩珍的心思都在等X先生电话上，完全无法专心教学。她的脑海中充斥着"X先生为什么还不打电话来？""X先生为什么会骗她？"之类的问题。**好不容易挨到授课结束，她决定到街上走走，顺便去买菜。逛超市期间，她想起下星期日会跟子女烧烤，特别去买了两包炭——当时的她完全没有自杀的念头。

晚饭过后，又有一位学生要来学琴，阿华、阿国和阿咏这时候都会躲在房间做功课。

十点左右，距离最后一个学钢琴的学生离开大约半小时之后，她再一次打电话给X先生，仍然没人接听；之后打给Y小姐，Y小姐说他正在洗澡，会叫他回电。可是，再等了三十分钟，电话还是没响。她疯狂地打给X先生，不断地打，最初只是没有人听，后来都转接到留言信箱。最后，她只好留言："X先生，我好希望你打电话给我，我希望你告诉我，Y小姐说的不是事实，我很想相信你，你亲口告诉我,一切都是假的,好吗?"

放下电话后,她瘫坐在沙发上。全身因为刚才太过紧绷而突然失去力气,发软。脑海中除了想着X先生是否会打电话来,念头开始越来越多,突然有一刹那,她想:"不如死了算了。"

问诊:被捕后一再寻死

"我整个人生都被男人骗了,毁了,都没有用了。已经过了这么多天,X先生都不理我,原因已经很明显了,我活着还有什么意思?我只拥有一个最爱的男人,现在也没有了。就是生无可恋。"

之后,佩珍再一次叙述如何烧炭,跟第一次说的差不多。

对佩珍的问诊,到这里结束了。

由警察破门入屋开始,到住医院、入小榄,8月24日至9月1日期间的记忆,她都失去了,只知道自己吸入大量的一氧化碳,却死不了;阿华和阿咏却因为相同原因死了;而阿国则昏迷不醒。

8月24日至9月1日这段空白期,小榄的职员后来向我详细报告,他们说佩珍在案发后情绪很差,一直自责害死了一对子女,常说生无可恋,不肯吃东西,并在医院一再地寻死,所以被判入小榄。来到小榄之后,她试过用指甲割手,被他们及时发现并阻止了。

我心想,还好,起码她肯吃药,情况应该会慢慢稳定下来吧。

会议:有无预谋为报告关键

2009 年 9 月 29 日　小榄

会议上,我简略讲解佩珍的情况。"她的私生活……跟报纸所说的差不多,原来都是真的。"Vicky 摇着头。

"她最初开口说出来时还会尴尬,但见我没什么反应,很快就像说平常事一样。她已经接受了两女共侍一夫的生活模式,虽然不算生活得很开心,但至少不会因此而抑郁。"

"她在 2002 年精神压力颇大,需要靠安眠药入睡。"Howard 指着报告中的一处说。

"对,但她仍然跟 X 先生见面,似乎没到患精神病的程度。"

"她明显很爱 X 先生。"Vicky 补充。

"对,她不但对他十分信任,我觉得还有点盲目崇拜。所以，Y小姐说出X先生外面还有其他女人时，对佩珍的心理打击相当大，因为这代表她一直以来所相信的、执着的，通通都是错误的，这令她崩溃。"

"有没有请X先生过来谈谈？"Gary问。

"有，但他拒绝了，意料之内。"我答，"顺带一提，佩珍的家人十分乐意合作，他们和佩珍刚刚重逢，但全家人都希望佩珍尽早过回正常生活。"

"如果她有病，似乎是在Y小姐道出真相之后。"Vicky说。

"对，我相信自杀是一刹那的，没有预谋。买炭是巧合，因为接下来的星期日要去烧烤，她除了带子女去，也邀了两个相熟的钢琴学生一起。两位学生的证词不谋而合。"

"有没有可能是案发前很短时间内开始精神错乱？"Gary突然冒出一句，与我的看法不谋而合。

"适应障碍症[1]。"Jason说。

"我也认为是这样。她不是长期患者，只是在

---

[1] 适应障碍症（Adjustment Disorder）是因陌生环境或突发事件引起的情绪问题，症状包括焦虑、抑郁、无故哭泣。连带的生理层面表现包括食欲不振或暴饮暴食、胃痛、失眠等，严重者更可能在沉重压力下产生极端反应，如暴力倾向。

某些时刻因为受到打击，一时精神错乱，做了不能回头的事。"

"病情跟案件的关系，现在言之尚早。总之，她精神很差，要接受治疗，再观察一下。Robyn再跟进一下。"Gary 总结。

"好。"

问诊：病人证供与验尸报告矛盾
2010 年 1 月 26 日　小榄

由第一次见面起至今四个月期间，我每星期都会探望她一次。她因为依时服药，又接受心理学家辅导，再加上跟家人关系好转，家人经常来探望她，所以从她的表情和精神状态可以看出，她离开小榄的日子不远了。一宗谋杀案，犯人从被捕到接受审讯，可能历时一年甚至更长时间。犯人不一定需要一直住在小榄，如果病情好转，会回到普通还押的牢房。

这次见面，是因为有些部分需要加以确认——主要是验尸报告，跟她所说的不吻合：在阿华和阿咏体内，验到有安眠药。

"对不起，我当时真的忘记了。我现在记起

来了,有这么一回事,我给了他们每人半粒安眠药,混在汽水中,让他们每人喝三分之一罐,好熟睡。这是第一次,也是唯一一次,以前从未试过。因为前一晚,我哭得很厉害,吵醒了他们。我不想再弄醒他们,让他们担心,所以给了他们一点点安眠药。"

之后,她终于愿意说出跟 X 先生的事。

"他是我的钢琴老师,现在在娱乐圈很有地位的,但在我认识他时他只是一个普通的钢琴老师,不过他本身家底丰厚,有钱。最初,我们在琴行相识,很快他就说我有潜质,想收我做他的入室弟子,到他家上课。那时我很喜欢弹琴,现在也一样,所以我以教琴为我的事业。

"现在回想,也不知道他是有意还是无意,自从我到他家上课,他就不再只跟我谈钢琴的事,会谈天说地,渐渐地,我被他吸引了,变得期待跟他上课,而他也有意无意地表达对我的关心,甚至多了身体接触,终于有一次,我们发生了关系。

"你知道吗?发生关系的房子,就是我一直住的房子。那里并不是他的家,他有两处房子,而他跟 Y 小姐当时就在相邻的大厦里同居,我以为他一直独居。

"我被骗了吗？我不知道。

"总之他有钱，有能力安置我，我也接受了他。"

其实，报告中早已透露X先生的身份，他的确在娱乐圈工作，小有名气，但不如佩珍所说的那么有地位，像我们这些行外人根本不知道他是谁。佩珍崇拜他，于是过分夸大了X先生的成就。

会面之后的一个月，佩珍真的痊愈了，离开了小榄，还押大榄女惩教所，但要定期到青山医院复诊。

会议：一致判断被告患适应障碍症

2010年9月17日　小榄

"Robyn，今天由你先汇报。"Gary说。于是我就向大家简述佩珍的案件及我的诊断结果。

"两星期后，佩珍的案件就要庭审，我大致把报告写好了，今天再听听大家的意见，明早可以交报告。"为了佩珍这起案件，我写了两份报告，第一份报告是一年前事发后不久，即第一次见面之后写的。这份报告很重要。病人最初所说的话，往往是最真实的，因为时间最接近，也最没有受到旁人如家人、律师等说的话影响，很有价值。但是，法官不会视一份一年前的报告为真实的全貌，所以临上庭前我要再写报告，主要是概括这一年佩珍在情绪上的变化，还有就是这期间多次问诊时补充的资料。

"很好，病人这一年的情况怎样？"Gary 摊开报告，边读边问。

"最初两个月情况比较反复，我们第一次见面时她情况不错，但临近圣诞节时，她因为挂念子女，情况一度转差。今年2月开始，精神慢慢好转了。第一庭①在3月底，之后她就回到大榄。不过，近来案件审理裁决的日子越来越近、律师频繁出现，令她不时被迫回想与X先生的往事，压力大增，病情转差。

"我给她加了药，又找了心理学家帮忙，现在她情绪还可以，大致上没有问题。"

"看来，即使服刑，她也不会回到小榄。"Gary 一直望着报告，像自言自语。

"对，只要康复，就会回到普通监狱服刑。"

---

① 第一庭（The First Court）是指疑犯被起诉后通常两三天后会第一次上庭，俗称"过堂"或"提堂"，提堂时的法庭通常也是在各法院的第一庭。

"你会建议减刑吗,由谋杀变误杀?"他终于把目光离开报告,望过来。

"会。正如我上次会议上的想法,她患了适应障碍症,即当日有一件影响人生的重要事情发生,令她情绪失控。而在医院、小榄,在众多护士医生的观察下,她的症状十分明显,虽然很快被治愈,但事发时确实是失常状态,所以我觉得应建议转误杀。"

"其他同事有没有意见?"

"她本身也不知道适应障碍症有什么症状,扮不来的。我也觉得可以减刑。"Vicky说,也给出原因。

"我也觉得可以。"Howard简洁地给出结论。

Jason 也点头。

Gary 说:"那就一致通过了。"

裁决:谋杀变误杀,判刑七年

最后,经过高等法院的审讯,陪审团一致裁定被告两项谋杀罪不成立,因精神失常而减低刑责的误杀罪则成立,判刑七年。

后来,佩珍一直复诊,她的精神没什么问题,只是 X 先生再也没有出现，不幸中之大幸是次子阿国醒过来了，渐渐康复，这对狱中的佩珍而言或许是唯一努力生存下去的动力。

探讨：精神病人与一时失控皆可能减刑

2010 年 12 月 3 日　小榄

"我考一考你。"我们在会议开始前五分钟已经差不多齐集在会议室，只有 Gary 还没到，Jason 趁机问接受初级培训的同事 Steve："根据《杀人罪行条例》'受减责神志失常影响的人'的第二点，'在谋杀罪的检控中，证明被控人凭借本条不可被裁定犯谋杀罪的举证责任，在于辩方'。如果我们证明疑犯真的患了精神病，那岂不是做了辩方的工作了？"

Steve 想了想，答了一句："可能是吧。"

"不是啦。"我插嘴道，"我们是中立的，没人说送去小榄的病人一定有病。我们只是道出事实，有病就有病，没病就没病，法庭怎么判是法庭的事。如果没病说成有病，才真的是做了辩方的工作。"

"要好好跟 Robyn 学习啊。"Steve 疑惑地问，"不是精神病患者犯案才可以得到减刑的吗？佩珍

档案 3 单亲妈妈"精神失控"害死子女

这个案件,只是一时的失常,也可以判为误杀?"

"递减刑期不是专门给精神病患者的。如果精神病患者处于没有发病的状态下杀人,一样会被判谋杀。"我说完,他好像更陷迷雾中,我只好加以解释,"重点是犯案的当下,犯案的时间点。只要犯案当下情绪受到影响、思维脱离常规,即使案发前、案发后没有事,判决结果也有可能由谋杀变误杀的。"

他点头表示明白了,然后想了一想,又问:"那么,为什么佩珍不用去小榄?我知道她在大榄服刑。"

"标准很简单,只要没有住院需要,就回到普通监狱。佩珍那一刻失控,因而递减刑期,而判决后痊愈了,就到普通监狱服刑,但当然还要定期复诊,就是不用住院的精神科治疗。正如你有病,但不一定要住院吧,小榄是给那些必须住院的精神病人的,并不是有精神病或曾经有精神病的犯人就一律要住进小榄的。"

Steve 又点头了,希望他真的明白了。

这时候,Gary 进来了,会议开始,这宗历时一年多的案件总算暂告一段落。

4

档案

"爱到死"
——由痴恋纠缠而起的杀机

档案 4 "爱到死"——由痴恋纠缠而起的杀机

案件：谋杀案凶手有没有病？
2010 年 7 月 12 日　大埔某私人屋苑

在一幢大厦的后楼梯上，三船呆站着。

半晌，他从钱包中拿出哥哥的相片。他对着相片中的人说："哥哥，我准备去杀人了，对不起。"

两位精神科医生立场各异
2010 年 8 月 3 日　青山医院

"Robyn，一起吃吧。"我原本想一个人去吃饭的，但在大门口碰见了 Howard 和这一期来接受初级培训的 Gigi，就"相请不如偶遇"了。

"你下午要去法庭？"坐下点好菜后，Howard

像闲话家事般说起公事。

"对,日本人情杀案,男方杀死第三者,然后自首。"

"我记得,但那人有精神病?"Gigi 也是一个很会主动发问的女孩,她主要跟着 Howard 实习。

"辩方律师请了一个精神科医生,说他行凶时精神失常。"我回应说,"法庭要求我们法医精神科跟进,而我得出的结论是他没有病,所以今天下午大家都要上庭,为自己的报告辩护了。"

"为什么会有完全不同的结论?是对方说谎?"Gigi 问。

"不能这样说。"我摇头说,"对方也是专业的,要尊重同行。"

"对啊。"Howard 也附和着说,"即使律师问话,也不能质疑同行说谎。大家都是专家证人,而非普通证人。在精神科范畴,无论我们是为政府工作的,还是在外面私人执业的,都是专家,律师并没有在专业知识方面质疑我们。"

Gigi 点头,若有所思,然后问:"但真的有两种结果时,又如何解释?"

"世界并非非黑即白,很难一概而论。事实上,律师也只是拿着我们的报告,去质疑我们的判断。

档案 4 "爱到死"——由痴恋纠缠而起的杀机

所以,我们需要做的是,拿出证明证实自己的判断才是准确的。"这时我们叫的菜刚好送来,大家边吃边谈。

"好紧张刺激啊。"Gigi 露出了期待的目光。

"只要平时工作认真,注意每个细节,报告上的每一点都不是胡乱写上去,是有根有据的,那就没有什么好怕的。"我冷静地分析,"而且,我只是去解释我的报告而已,又不是参加辩论比赛,最后也是由陪审团决定应该相信哪一方。"

"也不都是这样的,我曾被律师吓得几乎做不了报告。"Howard 突然像回忆起什么似的插嘴。

"竟然有这样的事?"我真的没有听闻过。

"记得是一单偷窥案,我判断疑犯完全没有病。那是我第一次上庭,一开始律师就问我是否很紧张。我还没有傻到去回答他,但样子已经很不自然了。接下来,他又质疑我还未成为专业医生:'你有资格判断被告是否有精神病吗?'"Howard 一边吃猪排,一边说。

"这样很误导人啊,接受过高级培训就已经有许多实战经验了,他却把你说成什么都不懂。"我替他感到不值。

"是的,还好法官很有经验,阻止律师问下去,要他进入正题，我才感到舒服些。"Howard 笑得很尴尬，"但这已经是好多年前的事了，现在当然习以为常了。"

"律师不能直接挑战我们，如不能自行判断疑犯有没有病，所以就要用这些心理战。"我其实也曾经受到律师的挑战，但已经记不清当时自己是怎样应付过去的了。

"这次辩方的医生是谁？"沉默一会儿之后，Howard 问。

"阎铁啊。"阎铁是行内权威的精神科医生，上过电视，有一定的知名度。

"很难缠的对手，陪审员都认识他吧。"我还是感觉到 Gigi 的兴味盎然。

"我都说不是辩论比赛了。"我没好气地说。

"下午没什么事做，Gigi 不如去旁听一下。"Howard 打趣地提议。

案件：害死兄长的童年阴影

三船有一个悲惨的童年。

他是土生土长的日本人，父亲早逝，与母亲及年长十岁的哥哥一起生活。哥哥是一个品学兼优的模范生,故三船从小就视哥哥为偶像,希望跟着哥哥的步伐前进,即使不能像哥哥一样优秀,至少也不想丢哥哥的脸。

岂料,在三船七岁的时候,家中遭逢巨变。他无意中发现了哥哥的烟盒,想学哥哥吸烟,却不小心烧着了被子,火势蔓延得很快,他却只知道哭。在最无助的时候,哥哥来了。什么都会做、什么都做得好的哥哥慌忙把他抱离火场,可是在逃出火场之后,哥哥却倒下了,原来哥哥背上着了火。旁边的人手忙脚乱地帮忙把火扑熄,可惜,哥哥再也没有醒来。

三船为此十分自责。是他害死了哥哥。如果他不偷偷吸烟……

自此,开朗的三船变得很沉郁,这种情况持续了一年。这一年,他不愿去上课,天天躲在家中。母亲对此十分担心,用尽方法希望他振作起来,最后,她拿出了大儿子的遗照,跟三船说:"哥哥没能活下来,你要代替哥哥,把他的人生也活好,好吗?"这句话,说到了三船的心坎里。他下定决心要振作起来,并把哥哥的照片收在钱包里当护身符。

三船重返校园,而且十分努力,很快中学毕

业了，虽然不是很高的学历，但要在社会上争到一席之地，还是绰绰有余。他去了一家运动鞋公司工作。2005年，运动鞋公司在中国香港地区开分店，希望委派总公司的人做监督的工作，并选了三船。

这一年，三船的母亲也病死了。十多年来，三船都没有从害死哥哥的阴霾中走出，在这个伤心的时刻，或许换一个地方发展，对自己会好一点。

于是，三船来到中国香港地区。

不幸的开端——婚姻"第三者"出现

来到香港地区之后，三船发展顺利，不但事业上顺利，爱情上也是。跟他一起从日本调来的同事中，有一个叫川岛的女孩，他与对方一见钟情。人在外地，恋情发展得也特别快，交往一年后两人就谈婚论嫁，再一年后就诞下一个儿子。

原本快乐、幸福的家庭，在2009年发生了变化。

因为一个名叫小孟的人的介入。

小孟，三十九岁，跟六十岁的仲颖是夫妻，他们同样是这家运动鞋公司香港地区分店的开山员工。因为言语不通，平日三船跟香港的员工都没有私交，反正有一班日本员工在一起，他也懒得学粤语。平时公事大家会用英语沟通，但他的英语也不是很好，常请英语一流的妻子帮忙发电子邮件，所以变得更少跟香港同事对话。

刚巧这个时候，三船发现小孟也懂日语，他就如看见救星一样。小孟也抓紧这个机会，成为总公司管理层与香港员工之间的桥梁。

就这样，三船一家跟小孟一家熟络起来，尤其小孟的个性热情主动，两家人常在假日相约到一起游玩。小孟和仲颖没有子女，所以她常打趣说，要给三船的儿子做干妈，但三船的儿子好像不太喜欢这个阿姨，这干妈一直没做成。

由于仲颖年纪大，他们家里的电器一旦坏了，都会找三船帮忙。

一天，小孟给三船发短信，请他修理水龙头。三船没有想太多，下班后就到了位于大埔的小孟的家里。

小孟开门的时候，神情似笑非笑。三船并没有特别在意，只发现仲颖不在。他放下背囊，跑到厨房，把水龙头开了又关，关了又开，检查有没有漏水，可是水龙头一点问题都没有；于是他又跑到洗手间，情况也正常。

他回到客厅，想向小孟询问，却找不着人，正暗自奇怪，突然看见小孟一丝不挂地站在房门口。

他呆在那里，不知所措，但最终还是跟小孟发生了关系。

审讯：苦缠下的精神失常？

2010年8月3日　高等法院

我和Gigi很早就去了高等法院。经过连日的审讯，案件差不多已到尾声。Gigi早就坐在旁听席上，等待我一会儿上庭作证。

首先是辩方的精神科医生阎铁发言。

"我认为整件事有一个过程。"阎铁一开口，就让人感到他的权威。他接着说："由被告跟死者发生性关系开始，被告就不断地被死者苦缠，令他越来越困扰。他拒绝过，但不得要领，不过这只是开端，这阶段他还没有生病。"

案件：用自残威胁男方就范

"我好想你！"三船收到这条来自小孟的短信，

急忙删去。

自从跟小孟发生关系之后,他十分苦恼,也十分后悔。吃着妻子做的饭菜,望着儿子的笑容,他问自己:"我有一个好妻子、一个好儿子,为什么要做这样的事?而且,她是仲颖的妻子,是朋友的妻子。为什么会这样?"

"我们做错了,以后不可以再见面。"他确定信息成功发出去之后,就立即在手机中删去记录。

可是,小孟并未停止攻势。"我很喜欢你!""你很强壮!""你比我老公强得多,我需要你!"三船不是选择不理会,就是回复"我们做错了""一切都过去了""我有家庭,我喜欢我太太"。

二人一直拉锯了接近半年,直到翌年2月,小孟又叫他帮忙修理电器,他又去了。他们发生了第二次关系。

这次之后,小孟的"攻势"就更加热烈了。

三船一方面拒绝,另一方面在心底有一个不敢声张的想法:他喜欢跟小孟上床。

他拿小孟跟妻子川岛比较,觉得这两次欢愉,才让他感受到性的乐趣。妻子完全被比了下去。

"不可以这样想!"他拍打自己的头,不让自己再想下去。

可是，欲望战胜了理智，同年6月，小孟又发短信给他，这次只是叫他去她的家，并没有说明原因。

那么，三船去的原因是什么？除了内心的欲望，可能没有别的。他们第三次发生关系。

"我们做的事是错的，必须从这一刻停止，不要说挂念我，不要说想见我，不要说想跟我在一起。我有妻子，你有丈夫，想想仲颖吧，你不觉得对不起他吗？"

"他根本满足不了我。我们刚才不是好好的吗？只要你不说，我不说，谁知道？"

突然，三船想起哥哥。他知道，哥哥正在看着他，看着他背叛家人。他又想起母亲，母亲叫他代替哥哥活下去，如果是哥哥，会这样背叛妻子，背叛儿子吗？

在回去的路上，他从钱包中拿出哥哥的相片，下定决心要同这段纠缠不清的关系一刀两断。

他约了小孟在餐厅见面，认真谈谈大家的关系。

可是，二人就像自说自话，各自表达立场，却找不到共识；相反，自从这次会面后，小孟的言论越来越露骨，不时提上床的事，要求也越来越多，有时更会语带威胁："你不来我家，我会伤害自己的。"又常常借机约三船共处一室:"下星期我生日,你来我家庆祝,好不好?"三船这次真的铁了心,没有再受引诱。

可是,小孟还不死心。

"我家的电饭煲坏了,仲颖叫你上来帮忙修理。"三船觉得很奇怪,他直觉又是小孟搞的鬼,但为什么这一次要借仲颖的名义?他转念又想,如果真的是仲颖的要求,我应该要帮忙吧。仲颖不懂日语,要找我,不也是通过小孟吗?于是,他决定上去。

三船上楼,仲颖开门,见到三船时一脸疑惑。三船指着电饭煲,用简单的粤语说:"坏了,是吗?"仲颖点头,望着小孟,小孟立即说:"是我叫他上来的。"三船在仲颖没注意的时候,对小孟投以不满和愤怒的眼神,小孟却只是好整以暇地坐在沙发上微笑着。

三船不理会她,径自走到厨房,只见小孟站了起来,对仲颖说:"你到超市帮我买鸡蛋,冰箱里没有了。"明显地,小孟想支走仲颖。三船大感愤怒,为什么他三番五次地拒绝,小孟仍然不死心?他立即冲出客厅,对仲颖提议:"我也去。"

他拉着仲颖一起出门,把双眼冒火的小孟留

在身后。

杀意由失控的愤怒而生

对于跟小孟一再发生不当关系,三船一直觉得内疚,他无法面对妻子和仲颖。他偶尔会睡得不好,幸好对日常生活没有太大影响,他也仍然表现出平常那个沉静的模样,所以没有人看得出他有心事。

他也没有想过一死了之,他想起死去的哥哥、死去的母亲,这些难关都渡过了,一个女人,会难倒他?

2010年7月10日,他决定再一次当面跟小孟说清楚。因为在此之前,小孟已经又有三次借仲颖的名义请他上去,他觉得是小孟故意破坏她家里的东西,只是看在仲颖的分儿上,他不得不去。一次又一次地接招,他感到无比烦扰。

他们再次相约在一间餐厅,坐在最角落的位置。

"为什么说了这么多次你都不明白?为什么要不断地缠着我?为什么要故意弄坏东西让我非去不可?为什么不可以当什么事都没发生过?为什么不可以像以前一样……"这一次,他连珠炮似的轰向小孟,加上气得不由自主颤抖的身体,都实实在在地表达出暴怒的情绪。餐厅的人偶尔投去奇怪的目光,他都没有收敛,反正大家都听不懂日语。

小孟则哭丧着脸回应,说因为三船一直都避开她,她十分挂念他,只有用这个方法才能与他见面。

二人还是自说自话,但这一次的气氛最严峻、最僵。最后三船留下一句话:"你想怎样,就怎样吧!"便拂袖而去,不欢而散。

失控的愤怒让他第一次生出一个可怕的念头:"把她杀掉!"从餐厅回家的路程有二十分钟,他一直在想:"杀她?不杀她?"他拿出哥哥的相片,问:"哥哥,怎么办?"

审讯:辩方专家称被告行凶时神志不清

"由这个阶段开始,被告的情绪开始受到影响。"说话的是阎铁,他一力主张三船有精神病,是在情绪不稳定的状态下杀人。

在辩方的引导下,阎铁专业地分析了三船在杀人前后不同时期的精神状态。由于小孟的苦缠,三船不懂应对，导致脑袋越想越歪，最后起了杀机。而事发前两天的争执，就是神经错乱的开端。

"他已经承受着不必要的压力，又不能找人商量，又找不到方法解决，一时想歪了，脑袋就乱了。"之后，他说到三船杀人时的疯狂和失去理智，以此证明三船正在发病。

之后，控方和辩方都分别问他不同的问题，阎铁继续阐述他的观点。

阎铁离开证人席之后，轮到我发言。

在证人席上，我首先要回答控方律师的问题，可能因为我的报告对检控一方有利，所以这位律师表现得也比较从容，他引导我说出三船没有精神病这个判断到底有什么论据。**我认为从三船杀人前后所表现出来的行为中，能清楚地了解到，他确确实实知道自己在做什么，他的思维逻辑也与正常人无异。**

疑点：走楼梯掩人耳目

2010年7月11日，三船心情差得很，他不知道如何解决小孟的问题，也不想见人，只好向公司请假，一整天躲在家中打游戏，读报纸，吃东西。

他明白不可能天天都躲在家里，于是隔天早上准时到公司上班，可是下午两点左右，小孟又发来一则信息。

"今晚家里没有人，你可以上来吗？"

原本心情已经平复的三船，又因为信息而感到莫名的怒气，他强忍着想把桌上东西全部摔到地上发泄的冲动，把手头上的工作做妥之后，走到超市，买了一把四寸长的刀。准备付钱时，他突然想到应该多买一块砧板，这样，人们就会以为他要添置厨房用具，而不会联想到他的计划——把小孟杀死！

然后，他又想到杀人的时候会溅出好多血，血会弄脏衣服，那么走到街上就会被人注意。所以，他在不同的店铺买了网球衫、短裤、内衣、内裤、拖鞋，之后又到超市买了一副手套。

下班后，他坐东铁线到小孟的家。在此之前，小孟已经又发了短信给他："今晚仲颖约了朋友打麻将，不到十一点不会回来。我们可以尽情享受了！"后面还加上许多"心"的表情符号。三船能感觉到小孟的兴奋，但他只觉得恶心。这一路上，他整个人在颤抖，也在杀与不杀之间一再犹豫。

到了小孟家楼下，大约晚上七点，他忽然收到小孟的信息："我很饿，可以给我买份盒饭吗？"这一下，三船的无名火又起了，怎么小孟一副轻松的样子？为什么我要为她买饭？被耍得团团转，反而让三船意识到自己的躁动。他买了两份盒饭，走到一个小公园，坐在长椅上，一边吃着自己那份，一边叫自己冷静。

他在想，哪个决定才是对的？

这是真正独处的二十分钟，小孟的信息也没有再发来。他回想起几次上床、几次秘密约会、她的信息，还有最后一次的不欢而散……想着想着，他做了最后决定……

杀。

他走到公园厕所，换了新买来的衣服。然后，他通过没有保安员看守的后门进入大厦，沿楼梯走到一楼，在一楼搭电梯，从三十三楼走出去，再走三层楼梯到小孟所在的三十六楼。

他想误导别人以为乘电梯的是三十三楼的住客或访客，跟一会儿发生的命案无关。

在三十六楼的后楼梯上，三船呆站着。

半响，他从钱包中拿出哥哥的相片。他对着相片中的人说："哥哥，我准备去杀人了，对不起。"

审讯：误导调查——非精神病行为

控方律师："何医生，作为专业的精神科医生，你怎样判断疑犯是否有能力为自己的所作所为负刑事责任？"

我："看他的犯案过程、动机是否符合正常逻辑思维，他犯案的那一刻是否神志不清或因受到重大刺激而短暂失常，他是否患有长期的精神病，此外，还有很多其他的考虑因素。而根据我与被告还有被告家人的会面所得出的结论，这些条件在这宗案件中看来都未能成立。"

控方律师："2010年7月11日，疑犯躲在家中，这算是精神病的表现吗？"

我："不可因此断言他有精神病，因为这也是正常人的逃避方式之一。"

控方律师："你认为疑犯是因为死者的一则信息而引致精神错乱，导致他杀人吗？"

我："根据他与我会面时所述，他在收到信息后有多个思考的时机，如在东铁上、在公园里。他在公园里想了二十分钟，在这二十分钟，他犹豫、挣扎后才做决定，他是完全知道接下来要做什么的。"

控方律师："那么，他换衣服、走楼梯、先步行上一楼再乘电梯到三十三楼，再走楼梯到三十六楼，又是为什么？因为他患了精神病？"

我："他很清楚地知道这些行为可以瞒过警察，让人不会查到自己头上。他是神志很清醒才想到并实施这个计划的。"

疑点：行凶完清理现场

三船还未按门铃，小孟已经开门了。

"我听到你的脚步声啦！"小孟一开门就兴奋地说，然后几乎门都未关就想扑向三船怀中。

三船把盒饭举起，小孟明白，就是"先吃饭"的意思。

当小孟打开包装袋，揭开饭盒时，三船走到她的背后，戴上手套，从背囊中取出锋利的刀，一刀插在小孟脖子上，鲜血随即喷溅而出。

小孟惨叫，十分惊慌，她条件反射性地按着脖子上不停冒血的伤口，转身跑到洗手间拿毛巾掩着。三船紧紧跟着，准备再插一刀，小孟跪在地上，不断哭，不断摇头。

档案 4 "爱到死"——由痴恋纠缠而起的杀机

三船不断在骂:"为什么害我?为什么要我说谎?为什么利用我、伤害我?"

小孟不停摇头,不停说:"对不起!对不起!"她不断地双手合十,哭求他原谅。她说了一些粤语,三船听不明白,但通过小孟的神情,大致也了解了她的意思,就是以后不会打扰他了,请他放过她。

小孟又从洗手间爬到客厅,三船跟在她后面继续骂了数分钟,感到消了一大半的气,眼见小孟因惊慌及失血而脸色惨白,突然生出一丝怜悯之心,从沙发上拿起一条大毛毡,希望先替她把血止住再想办法。

他左手拿着毛毡,却没意识到自己右手仍拿着刀子。小孟看见他拿着刀子逼近,下意识地推开他,三船未料有此举,怒火随即又燃起,瞥见手上的利器,就疯狂地向小孟多插了几刀。

受了重伤的小孟不停地呼叫,三船怕有人听到,回房间拿了一个枕头,掩着她的脸……

小孟已死。

三船知道小孟气息全无后,走到房间,拿一床被子把她盖好。

然后他望望时钟,还没到八点,仲颖要到接

近午夜才回来,这表示他还有许多时间收拾现场。

他洗了一个澡,把身上的血迹都冲掉,也洗了一下新衣服上的血,然后把新衣服放入胶袋,再放进背囊。他审视墙上的血印,抹去可能印有他指纹的地方。最后,他换回平时的衣服,准备离开。就在关门的一刹那,他突然想起:电话!

小孟的电话里,有他们的短信记录,如果让警察看到,就知道他是凶手了。他急忙回到客厅找出小孟的电话拿走,然后经后楼梯离开大厦。

审讯:精神病人行凶后多逗留

控方律师:"疑犯杀人时,在死者颈上割了一刀,依你判断那时他的精神状况如何?这一行为又是因何驱使?"

我:"他很清醒地向我复述过行凶过程,同时说明是因为不堪死者纠缠,忍无可忍之下才动手,这是正常的行凶动机,故我没理由怀疑他当时处于失常状况。"

控方律师:"他洗澡,洗衫,抹指纹,偷电话。一个精神病人会这样有条理地为自己抹去证据吗?"

我："可能性极小，而且大部分精神病人杀了人都不会逃走的，他们很多在被捕之后会和盘托出他们所相信的事。他冷静地抹去证据，证明他当时很理智。"

控方律师："有没有病人在杀人前、杀人后都是正常的，但在杀人的一刻才病发？"

我："有，但单就这一案件去判断，我看不到有任何证据显示他行凶的一刻是处于失常状态的。"

案件：凶手自杀不遂方自首

"爸爸，你回来了！"看着儿子蹦蹦跳跳地替他拿拖鞋，三船感到跟之前三四个小时相比，是两个世界。

杀死小孟之后，他忙于处理那些沾血的衣服。他跑到不同的地区，荃湾、沙田，总之有海有河的地方，趁没有人注意，就丢一件。他一早准备了好几个胶袋，把血衣放在其中才弃置。

回到家，差不多十一点半。表面上，他在享受天伦之乐，心底却十分惊慌。杀了人啊，他开始想到，可能需要承担法律责任，但要他坐牢？要他为那个小孟坐牢？他万般不愿意。

家人仿佛看不出他的异样，也许因为他平时大都是沉默内向的。他搂着儿子，跟他玩游戏，为他讲故事，也许这些就是让自己暂时不再想烦恼事的最佳良方。

这晚，他睡得不好。他梦见倒在血泊中的小孟和号哭的仲颖，梦见警察上来拘捕他，梦见被判刑，梦见入狱，梦见……

好不容易到了早上，一家人一边吃早餐，一边看电视。

"大埔发生伦理惨剧，一名三十九岁的妇人被丈夫乱刀砍死，警方拘留六十岁疑凶协助调查。"

虽然是一早知道的事实，但三船看到这则新闻，还是觉得震撼，也满脑子疑惑："为什么凶手是仲颖？仲颖去打麻将，一定有不在场证据，难道是陷阱？警察一早锁定凶手，想让我自投罗网？"

川岛还不知道这宗惨剧的主角就是小孟和仲颖。二人一起回到公司，消息似乎还没有传到同事的耳中，大家都如常工作。

三船认定了已经东窗事发，盘算着下一步行动。

他认为，警方很快就会到公司拘捕他，他不能待在这个危险的地方。于是他一声不响地离开了公司，然后在香港地区不同的地方流浪了两天。

档案 4 "爱到死"——由痴恋纠缠而起的杀机

7月15日,他跑到荃湾体育馆的更衣室梳洗好,然后辗转到码头附近。这两天的流浪生活让他精神萎靡,但更让他身心俱疲的是随时可能会被逮捕的惶恐感觉。他怀念起自己的床和妻儿的笑容,但他还可以回去吗?相信警方已经知道真相了,他正在被通缉,现在回去,迎接他的就是铁窗生涯。

"不如死了算了。"他开始有这样的想法。他站到海边,准备跳下去。

一、二、三。

一、二、三。

他没有勇气。

在海边来回踱步,数不清多少次想跳下去,但都没有做到。

他瘫坐在地上,心想:"不如自首。"

最后,他回到家,向妻子和盘托出。

川岛哭了。起初,她责怪丈夫为什么做出这样的事来,但很快她就接受了现实,因为这是她的丈夫,她无论如何都会站在他身旁。

然后,二人一起到警署自首。令人意想不到的是,警察还未查到他头上来。

审讯：是不是精神病，不只由医生判断

控方律师："你刚才说过，很多精神病人会留在案发现场，又会把犯案过程和盘托出。三船最后自首，也跟警方合作，这跟患病的人很相似？"

我："不同。他一直想尽办法逃走，只是走不掉，只好接受现实。"

控方律师："他曾经自杀。"

我："他可能是因内疚和一时冲动自杀，不一定是有精神病。由逃避、怕死到面对，任何人铸成大错，都有可能经历这个思想转变。"

控方律师："法官大人，我没有其他问题。"

之后，轮到辩方律师的盘问了。从控辩双方的态度来看，他们把我当成控方证人，我早已经习惯律师的态度随着报告结果的不同而不一样了。身形瘦削的辩方律师站起来，从第一句话开始就咄咄逼人，那要笑不笑的脸，让人有一种不安的感觉。

"何医生，你有什么证据说，三船一直都没有精神病？刚才经验丰富、人生阅历多的阎医生说，事发前两日的争拗，就是病发的开端。"律师在暗

示我资历比阎铁浅呢。

阎铁说有，我说没有，真是"口同鼻拗"，不过我还有一些客观的事实可以提供："我认为他没有病，是经过详细的问话，然后与部门同事一起分析之后才得出的结论。我跟被告见了两次面，第一次接近一小时，第二次四个多小时，总共超过五小时。"刚才阎铁明明白白地跟控方律师说，他只见了被告一次，过程不足两小时。

辩方律师没有追问下去。接下来，他依着我报告所写的，一条一条地问下去。情况跟控方提问时差不多，只是语气大相径庭，充满质疑："你一直都没有直接回答，你凭什么说他没有病？你凭什么否定阎医生的判断？"

其实，判断他没有病的，不止我一个，所以"我凭什么这样说"的关键，在于这是集合客观事实所得出的结论，于是我做出答复："被告在小榄住了两星期，其间有专业人士看护，小榄没有任何一个医护报告的内容提及他有精神病的倾向或可能性，也没有任何一个人说过觉得他精神状况或行为有异常。报告并非我一个人的观点，它是综合整个法医精神科团队、小榄的医生护士职员，还有他身边的亲友的观察才得出的结果。"

这次轮到律师变得无言。我没有等他发问，继续说下去："我看过最初他羁留在荔枝角的报告，荔枝角也有普通科医生见过被告，一样没有人怀疑过他有病。"从被捕开始，被告一直被二十四小时监视着，却没有人觉得他有病，这些都可以证明我的判断。当然，我本身也有许多专业的方法去为病人做评估。

辩方律师没有问题了，当我准备离开证人席时，冷不防控方律师突然举手发问。

"不好意思，我漏了一个问题。你第二次见被告的时候，特别换了一个翻译员，为什么？"

对他而言，似乎问了一个重要的问题。

问诊：寻关西腔翻译"同声同气"

我跟三船第一次见面时，由于他不懂粤语，英文也不好，只能用日语沟通，因此我特意找来一个翻译员，但出了点小问题。原来，三船来自日本关西，有独特的口音和语法，跟翻译员的关东腔有点不一样，虽然不至于影响沟通，但我觉得如果找一个"同声同气"的人来翻译，他投入感会强一点，问诊的效果也会更好。于是，我花了一点时间去找来自关西的翻译专家，恰巧被我找到了，于是长达四个多小时的第二次见面中，我们让一个沉默寡言的人开了口。

"你明知道去小孟家就代表会被她引诱，为什么还要上去？"三船皱着眉头，沉思了很久，终于给了一个答案。

"他说他觉得要去，要去帮他们修理东西。"翻译员跟我说。

"为什么不叫其他同事？或者找同事一起上去？"翻译员听过后，转了日语询问三船。三船想了一想，又回应两句。

"他说他没想到。"

我却觉得，他是答不出来。**他解释不了他的行为，但不代表他有精神病。精神病患者的逻辑虽然可能有问题，但总有他们的一套逻辑。**

专家证人仅需解释论点，无须分胜负

"阎铁找的是关东腔的翻译员，三船不大肯说话，所以只问了一个多小时，这一点被控方强调了！"这次午餐，难得除了Gary所有同事都出席了，也给了Gigi一个机会细述她在法庭的所见所闻。

"可是最后，三船的谋杀罪名不成立，误杀罪名成立，判刑十一年。"Jason 说。

"是吗？"Gigi 很惊讶。

"要养成每天看报的习惯啊。"Howard 对 Gigi 说。Gigi 点头。

"那你就是输了？"Gigi 问。

"当然不是。"我笑说，"我们是法医精神科，是帮法庭做事，不是给控辩双方做事，无所谓输赢。"

"但法官信辩方律师多些啊。"

"所以叫你多读点报啊。"Vicky 笑说，"法官的判词并没有说他犯案时有精神病。不是所有拿给我们的案件，都只有精神病人杀人的可能；即使他没有精神病，也可能有其他原因让他谋杀罪名不成立，误杀罪名成立吧。"

我补充道："而且，专家证人之间也不是进行什么辩论或比赛。于我而言，只会就我的报告的每一项，以普通人都明白的方式，解释我给出这个结论的原因。**有时候，同一个案件，可能有两个精神科医生给出南辕北辙的结论，我们不会视其中一方胡说，也不会视其中一方不够专业。法庭上，专家证人不用互相攻击，只需说出自己相信的，然后由法官判断。"

Gigi 点头，看来她真的明白了。

"那，就是你赢了，对吗？"

看来她还不明白。

档案 5

坚持认为死者未死的凶手

案件：烧杂志酿成的意外

2010 年 10 月　屯门某中式酒楼

在屯门一家中式酒楼，两个已经离开法医精神科的旧同事——Mandy 和 Robert，说要跟大家聚一聚。

Gary 是请不动了，Howard 突然有要事，所以只有 Jason、Vicky 和我赴约。

Mandy 和 Robert 正分别接受老人精神科及智障精神科的实习，二人刚好都是回到青山医院做训练，所以促成这次聚会。

"我还不知道你们是认识的。"因为之前两人是不同时段来到我们部门实习的，所以 Jason 如此笑说。

"我们之前同班。"Mandy 说,"而且每半年一次的实习转科时也会见面。"闲谈一番之后,Robert 问了一个有意思的问题:"那么多个案之中,哪一个你们印象最深刻?"

我望望 Vicky,Vicky 也望望我。Jason 也意会了,说:"我知道了,就是那一单,你们一同负责的那单。"

2006 年 4 月 2 日　九龙区某公屋

"奶奶,我回来啦。"真希关上铁闸,把手袋挂在双层床的床柱上。

"玩到十二点,跟男生?"少萍在下铺,一直在看娱乐杂志。

"不是啦,是中学同学美君,你也认识的,不是吗?"真希在抽屉中翻找出内衣,准备梳洗。

少萍默不作声。真希见奶奶好像有点生气,回到床边,从钱包拿出三千元来:"奶奶,这个月的家用。"

少萍接过来,仍然面无表情,只是说:"早点睡啦,以后不要玩太晚。"

真希梳洗之后就上床睡觉。祖孙二人同住在窄小的公屋内,孙女睡上铺,奶奶睡下铺。

少萍此时仍未就寝，待读完手上的杂志之后，她突然自言自语起来："八卦杂志看完就没有用了，不如烧掉它。"她站起来，找出点香用的火柴，回到床边，一边哼着"划火柴，划火柴"，一边把杂志撕成一张张放进化宝盘内，然后"嚓"的一声，燃亮火光。

看着火把杂志烧成灰烬，她有一种如释重负的感觉。

夜已深了，她感到眼皮越来越重，不知不觉便睡着了。

不知过了多久，大概只有数分钟吧，她被热醒了，见到被褥烧着了，大吃一惊；然后见到自己的衣袖也被火势蔓延到，慌忙拍熄它。她站起来，第一时间想找水救火，但惊慌失措下不知道去哪里找水。

"真希，快来帮忙！"她想叫孙女起床，但她发不出声音，被恐惧包围的她只好先离开这里。她跑到门口想打开铁闸，铁闸火烫，但她顾不得那么多了，忍受着灼热的痛楚，她终于打开了锁头，逃了出去。

呆站在走廊上的少萍仍然失声，彷徨无助之际，有邻居走出来探看烧焦味的来源。她只知道指着自己的门口，那时候已经有烟冒出来，邻居当下明白发生了什么，她同时也晕了过去。

晕倒前，她隐约听到孙女叫喊："奶奶，开门呀……"

后来，消防员到场，只见少萍失去意识，躺在大门外，身体多处被烧伤，而走廊上浓烟密布。真希尝试过逃生，但在窗前倒下了，随即陷入昏迷，消防员立即将她们送往医院，但真希在翌日早上不治身亡。

"虽然孙女很惨，但这案件有什么难忘的地方？"Robert 问。

"难忘的应该不是案情。"Mandy 还是那样的聪明。

"在此之前，问你们一个问题。你们知不知道，法医精神科还有一项工作，就是分析病人的精神状况是否适宜答辩？"

"知道，就是'Fitness to Plead'。"Mandy 很快回答。

"对，就是根据《精神健康条例》第五十六条'有关还押中的人的医学报告'，我们须在已定审讯该犯人的日期至少七天前，向司法常务官及律政司司长提交一份有关该犯人精神状况的报告，述明该犯人是否显露出精神错乱的迹象，和是否适宜答辩。"Jason 发挥其一贯的条例背诵能力。

"而这个病人，最初几个月还是可以答辩的，所以我们还是知道案发的一些背景。"Vicky 开始说起问诊的事。

问诊："没有死者，何来谋杀？"

2006 年 5 月 5 日　小榄

我和 Vicky 在小榄的问话室等候。

那时我还在接受高级培训，所以碰上一些严重的案件，我也会跟 Vicky 和 Jason 去见识见识。

少萍出来的时候，我们吓了一跳，因为她满手臂都是烧伤的痕迹，还有些地方化脓发炎。距离案发已经有一个月，正常而言，伤口的情况应不至于还是这样。后来我们才知道因为她拒绝涂药膏，伤口的疤痕痒令她不断抓，以致迟迟未复原。

六十一岁的她，被控谋杀二十四岁的孙女真希。

"你可以陈述一次案件吗？"我问。

"我为什么要告诉你们？你们是什么人？"

"我们是法医精神科,是来帮你的。"Vicky游说了很久,才请得她"开金口"讲述案发当日的情况,由晚上真希回家开始说起,但说到最后,她竟然否认孙女已经死去。

"有!我想过叫醒真希的,但最后决定先找人帮忙,没想到走到门口就晕倒了,醒来就在医院里。

"我知道,我知道!他们说我放火烧死真希,我知道这个指控,但很荒谬,真希根本没有死!火警啊,我都会逃走,真希怎会不逃走?她早就逃离现场了。去了哪里?我怎么知道?我一到医院,就没有出去过了,她应该也想找我,但找不到。你们指控我纵火,那还合理,因为火的确是我点燃的,但不能控告我谋杀!因为根本没有死者,何来谋杀?我知道,你们一定是来害我的!"少萍说着,突然激动地站起来,指着我们。

"我们是来帮你的。"我和Vicky也站起来,努力安抚着少萍的情绪,小榄的职员同时进来帮忙,安抚她,让她坐下。

"你常常烧东西吗?"等少萍平复情绪,Vicky尝试再问一些深入的问题。

"没有,之前都没有。这次我也不知为什么,突然想烧掉看完的杂志。"

要少萍回答问题，我们每次都要费尽唇舌去跟她拉锯，这次 Vicky 想请她谈谈家庭状况。

"我 1966 年结婚，**有一个儿子，儿子也早婚，生了一个女儿，就是真希。就在真希出世不久，我儿子和儿媳妇就因为车祸去世了，剩下我和真希二人相依为命**，我只好自己一个人养大真希。

"我跟真希关系十分好，她常常'奶奶，奶奶'地叫我，我们没有闹矛盾，一点问题都没有。她考上大学，我很高兴，只是不舍得她去住宿舍，幸好她毕业后就搬回来了。她还问我有没有问题，当然没有问题啦。她之后考上政府公职，铁饭碗，很优秀的孩子啊。总之她上班之后，我就辞职了，孙女养我，多开心。

"我年轻时一直在工厂做女工，直到结婚之后一直做散工，清洁之类的，帮补一下家用，能过一日过一日。"

"为什么从工厂长工转做清洁散工了？"我问。

"**因为我在青山医院住院了一段时间，那些人以为我是傻的，就不请我了，但其实那时我只是经常做梦，连续三个月每晚都是，根本不是精神病。之后出院了，定期回精神科复诊，直到三十岁后，已经不再吃药和复诊了。**"

我望望手上的资料,又望望 Vicky,彼此交换了一个疑惑的眼神。

"根据我们的记录,她在三十岁后仍然复诊过。"我望着 Mandy 和 Robert,他们的嘴巴半张,不明所以。

"竟然是这样!"Mandy 率先反应过来,流露出兴致盎然的神情。

"她说,自己的精神状况都不知有多好,不明白为什么其他人说她有病。"Vicky 说,"所有我们问的有关精神病的问题,她的回答都是没有,什么都没有,完全没有。"

"事实上她所说的状况,跟我们手上的资料截然不同。"我喝了一口茶,才继续说,"**回看她的医生记录,她 1969 年的确在青山医院住过三个月,但原因不是做了三个月梦,而是她连续四个月出现奇怪行为,包括睡不好、怕外出、自言自语,而她的表情总是很奇怪的,上一秒狂笑,下一秒狂哭,但哭与笑都说不出原因。**"

"对啊,她看电视时,会觉得电视里的人物在讲她坏话,又认为其他人有读心术,会知道她在想什么,甚至觉得其他人可以控制她的思想和行为，也听到一些不存在的声音。"Vicky 补充。

"是精神分裂！"Mandy 说中了，我用大拇指给她点赞。

"当时，她接受了电痉挛疗法[①]，病情才得以好转。"我说。

"要做 ECT？那真的十分严重。"Robert 说。

"不，我们并没有做这个推论。"Vicky 说，"当时是 1969 年，还没有更有效的药物面世，ECT 几乎是当时唯一可以做的治疗，所以不能因此而推论她的病很严重。"

"对，现在患者症状要非常严重才会用到 ECT，如严重抑郁症，到完全不说话、不吃东西、不饮水的程度，可以说是最后的一步。"Jason 补充了一些资料。

我想了想，继续说："医好之后，就让她出院，之后她都没有再入院的记录，至于有没有复诊，就只能靠猜测了，因为当时医管局还未将各大诊所资料整合再做系统化处理，只有诊所自己的手写记录。直到 2003 年资料计算机化之后，她又有

[①] 电痉挛疗法（Electroconvulsive Therapy，ECT）是以电击脑部的方式来诱发痉挛，以治疗精神病的一种方法。

了定期复诊的记录，所以我们推断她之前也遵从过医生建议，不过中间的空白期发生过什么事，便无从知晓了。"

"但我们知道，她的病是长期的精神分裂。"Vicky 说，"根据 2003 年至 2006 年的资料，她三个月至四个月复诊一次，一直按医生处方服用医治精神分裂的药物，没有换过药，而她在服药期间最后一次复诊时，精神状况都是正常的。那是 2006 年 1 月，即案发前三个月。"

"在还押期间，她还是坚称自己长久以来一直没有服药，也拒绝服药。她觉得所有药都是污糟的，会令她身体不舒服和生病。"

"对。"Vicky 立即回应，"因为她没有服药，来到小榄后病情越来越差。为了这个个案，我跟小榄的护士保持密切联系，护士说她睡得不好、情绪不稳，又经常吵闹，和护士吵，和医生吵，也和其他病人吵，吵的时候当然粗口横飞，又常常自言自语，指控其他病人害她；甚至有时会自残，用手拼命地捶打墙壁。"

"她又说电视、收音机里的人物在骚扰她，不停地跟她说话，出现了很多思觉失调的症状，但她在认知上以为这些是真实的。"我说着，Robert

不停点头。

"还有，她会攻击其他人，向他们抛掷食物，甚至泼尿。"听到 Vicky 这样说，Mandy 掩着嘴巴，"最后，她被单独囚禁在那种四面都是软垫的房间，防止她自残和自杀。"

"好像很难应付，辛苦小榄的职员了。"Mandy 做了一个抹汗的动作。

"最恶劣的时候，就打镇静剂。这是他们唯一能用的注射类药物。但总不能天天打。"我说，"还有，她一直不让人处理她身上的烧伤，因为她觉得是药物令她的手变形的，故伤口一直在发炎。"

我们都沉默了一下。我想起少萍的样子，有点黯然。

"说回那几次问诊吧。最初几个月都还好，只是她情绪不稳定，也不合作，但从第三个月开始……"

问诊：否认孙女的存在
2006 年 8 月 20 日　小榄

"你可以陈述一次案件吗？"

"那天晚上，我在看杂志，突然听到屋外

有……窸窸窣窣的声音，又好像有……罐头滚动的声音！对，罐头声，我不以为意，继续阅读，忽然……哗！（当时她叫得很大声，吓了我们一跳）整道门突然着火，吓死我了！有人害我呀，你知道吗？一直都有人害我呀！之后……之后我喊救命，不久就晕倒了。"

"你的孙女呢？"Vicky 冷静地问。

"孙女？我没有孙女。我还没结婚，怎么会有孙女？"

2006 年 10 月 4 日　小榄

"是你！是你阻止我出院，我要告你，我要告你，为什么要害我？为什么要害我？"她冲进问话室，指着 Vicky，吓得 Vicky 整个人退后三步，我也站了起来。两个职员反应快，立即拉开她，我们才舒了一口气。

"你可以陈述一次案件吗？"

"这根本不是案件，我只是不小心弄了点火，不是纵火，是意外。真希根本没有死，你们是傻子吗？她怎么会死，上星期我才见过她。我知道，这是警察和消防员一起害我，把真希捉走了。真希年轻貌美，那帮男人当然想捉走她。那就一定要陷害我！真希现在'走佬'①了，我知道的。"

2007年2月11日　小榄

"你可以陈述一次案件吗？"

"飞！不怕海龙王，天天天……天天天……我知道呀，你们不准我出去。不要当我傻！地狱之门，哈哈哈，哈虎文钵英②。"

而这一次，我细心观察她，她双颊深陷，瘦骨嶙峋，我估计，从我第一次见她到现在这九个多月间，她瘦了近二十斤。

医生可否强制病犯服药？

"那是……精神分裂越来越严重了。"Robert说着，语气带点叹息。

"可是，她在小榄九个多月，大家都没办法让她服药？" Mandy问。

"像你患了伤风感冒，医生开了药给你，你放在家里，吃不吃是你的自由，一样的道理。所以，

---

① 粤语，意思是偷偷地走了。——编者注
② 出自金庸武侠小说，具体意思是赐予神功。——编者注

从 2006 年 10 月开始的报告中，我们都建议法官强制她接受治疗，好让她服药。"我说。

"但法官没有采纳？"Mandy 追问。

"一次都没有。"

"什么原因？"

"不知道，或许病人在法官面前表现得很正常？不知道。总之，结果不如我们所愿。"我又喝了一口茶，继续道，"直到 2007 年 3 月，横在我们面前的问题，已经不只是能否强制她吃药，还有她能否答辩。"

我们又不自觉地像给实习生讲解一样，向他们二人详细说明。

Vicky 说："一个人能否答辩，取决于这个人是否明白自己和其他人在做什么。她知道什么叫认罪，什么叫不认罪吗？她能够跟律师、法官沟通吗？我们会循着这个途径去观察。"

"没错。"我接着说，"**在这起案件发生后不久，虽然她精神差、情绪失控，主观认为孙女没死，但我们仍然认为，她是能够答辩的。可是，正因为她精神差，而且每况愈下，所以答辩的可能性随着时间推移大大降低。**"

Vicky 点头，又说："我记得，从 2007 年开始，她已经不能与人正常沟通了。有关案件的任何事，都只能在她的自言自语中听到，如：'没有被检控，为什么要上庭？''为什么要律师？根本没有案件。'"她摊开双手，摆出无奈状。

我摇头说："正如之前所说，她说话颠三倒四，你问天气，她答电影；你问健康，她答玩具。牛头不对马嘴，完全无法沟通。这样，当法官问她'认不认罪'时，她能否理解，能否正确回答？很明显，她已经不能答辩。"

聆讯：被告不宜答辩

2007年3月2日　高等法院

高等法院为确定少萍的精神状况是否适宜答辩召开了特别聆讯会，由陪审团决定，而我和Vicky都要上法庭，汇报少萍在小榄以及与我们见面时的情况。

"我孙女没有死，她被消防员和警察藏起来、藏起来、藏起来了啊！不要捉我，玉帝会惩罚你、惩罚你、惩罚你呀！"还未入法庭，已经听到少萍的声音。

我和Vicky都摇摇头。在犯人栏内的少萍被三个警卫按着，但她仍然挣扎着。

正常的情况下，犯人栏内只有一个警卫看守犯人，可见法庭方面也是如临大敌；最后，法官请警卫押她到隔壁房间，让她用电视直播的方法看聆讯。

望着少萍的背影，我们心里有点叹惜："如果她可以服药，情况不至于此。"

作供时，我们重申少萍没有能力答辩，以及她是危险人物这两点。

"被告有妄想倾向，以为孙女成功地从火海逃生，又以为警察和消防员把孙女藏起来了。她不认为有案件发生，只是自己不小心放了火，而且她拒绝服药，导致病情恶化，今年年初开始说话就语无伦次，已经不能答辩。

"还押小榄期间，被告会忽然发脾气、抛掷食物、在房内淋尿及攻击职员，已经被囚禁在高度设防的独立房间。"

最后，陪审团裁定，少萍不宜答辩。

裁决：无限期关押单人牢房

"不能答辩，之后会怎样？"Mandy问。

"那就只能用事实和证据,去证明她是否有罪了。"

Mandy 和 Robert 面面相觑,完全不明白。

"平常案件,法官会问犯人,你是否认罪?如果认罪,就会判刑;如果否认控罪,就会开庭审讯。现在少萍的案件,她甚至没有办法去认罪或否认控罪,那就会根据事实和证据去审讯,决定她是否有罪。如果有罪,就会被收入小榄,而这个案件一定会跟随入院令,令其在小榄接受治疗。"Vicky 耐心解释。

"如果没有罪,会当庭释放吗?"

"理论上会。"Jason 突然插嘴说,"而当时的确有一个插曲是,当局都害怕她不能被判有罪。由于她有危险,当庭释放不知道会发生什么事,所以很烦恼。"Jason 说着,打开笔记本电脑,不知在查看什么资料。我们则自顾自地闲聊了一会儿,直到他说:"有了!"我们一起凑向他的电脑屏幕。

"我读给你们听吧。"他笑说,"青山医院法医精神科医生说,被告涉嫌犯严重罪案及拒绝服药,全港只有小榄才适合收留她,因为保安较严密;如果安排她入住青山医院,会对其他人构成危险;但由于陪审团未必判她有罪，届时法庭无权判她入住小榄，甚至要当庭释放。为此，法官大为紧张……"

"那的确很令人头痛。"Mandy 也抓抓头。

"那时候，控方大费周章。"Jason 继续说，"起初，他们想过先把被告送入青山医院，再由特首插手，转调小榄。"

"青山医院跟小榄，差很远啊。"Mandy 说。

的确，小榄和青山医院的保安和设防程度是不一样的。

"报纸是这样写的，"Jason 继续读报，"控方最后决定，如果陪审团裁定被告无罪，警方会立即安排救护车送被告到急症室看医生，再向法庭申请安排她入住青山医院。"

"那也是入青山医院。"Mandy 摇头。

"没法子。"Jason 很快就关了电脑。

然后，**大家安静了一阵子，仿佛都不知道这件事的裁决结果。于是我打破沉默："但最后，她是有罪的。"**

Robert 点头，问道："算是舒了一口气吗？"

"从社会各界的反应来说，是舒了一口气的。"我说，"在这种情况下，法庭判了她有罪，就会自动给她无限期入院令。"

"她还在小榄，我上个月见过她。"Vicky 说，"自从被迫服药后，精神状况好多了，清醒的时间一天比一天多，但偶尔还会乱骂人，所以仍然被囚禁在高度设防的独立房间。"

"这起案件令人难忘是因为，法官没有强迫她服药？"Robert 问。

"对。不是想怨法官，只是作为医生，眼见一个病人的状况越来越差，只要服药就能控制病情，却因为法庭没有批准强制治疗而什么都做不到，会觉得很可惜。"我想起少萍离开法庭的背影，叹了一口气。

Vicky 也仿佛跟我一样，语带无奈地说："而且，由于她不能答辩，白白错失了给自己辩白的机会。案件的判决已经很明显，这样等于变相地剥夺了她的权利。也不能简单地说是不公平，只能说是不幸吧。"

大家不约而同都把杯中物递向自己唇边。

这起案件令我本人最难忘的原因，其实还有一点没有说出来。

那是第一次见少萍时，她一口咬定："我知道，你们一定是来害我的！"

如何跟病人建立良好的沟通和信任关系，一

直是我们努力的方向；但面对病人，努力有时未必会得到回报。**虽然说，只要尽了力就无愧无悔，但在这起案件中从头到尾我都没得到少萍的信任，也算是一个遗憾。**

6

档案

躁郁者
在"默许"下弑亲

案件:"共死"计划

2010 年 9 月　精神科专科诊所

"没什么大碍,半年后再来复诊吧。"

"……"

"珍妮?"

"啊!对不起,在想一些事。"珍妮猛然抬头,只见医生狐疑地望着自己问:"有什么问题吗?"

"……"珍妮犹豫了片刻,然后说,"没有。"

医生又看了一次计算机上的病历,说:"那么,半年后见吧。"

"谢谢。"珍妮向医生躬一躬身,走出诊所。

会议：行凶后的悔意

2011 年 5 月 22 日　小榄

Vicky 刚刚报告完一宗碎尸案，我们先休息十分钟，之后就轮到我汇报下一宗案件。

"事不宜迟，Robyn 你先讲。"我是最后一个坐下来的。不喜欢人迟到的 Gary，用一句"事不宜迟"已是最宽容的警诫。

"2011 年 2 月 28 日，一个有精神病记录的女人给其姑妈服安眠药后，在家中烧炭自杀，姑妈死了，她自己在医院昏迷七天后活了下来。她被控谋杀，身体情况稳定后被还押小榄。我每星期都给她问诊，最初，她的情绪极度不稳定，不断地说后悔杀死了姑妈，对事发经过和事件背景都不能具体地说出来，或说得含混不清。之后情况好了一点，能够说出案件的大概，但缺少细节。

"昨天，终于能够看见事件的全貌了。"

"很好。"Gary 说，"说说昨天的收获。"

问诊：追溯躁郁的起因

2011 年 5 月 21 日　小榄

事主珍妮现年三十八岁，父母双亡，从小就由姑妈和姑夫养大。二人没有儿女，视珍妮如己出，所以珍妮也算是在一个健全的三人家庭成长的。20 世纪 80 年代末，她考入香港大学，可想而知是个聪慧的女孩。毕业后在一家大公司做秘书，工作内容与薪水皆不错，却在 1995 年辞去工作，因为这一年，她患上了精神病。

前两次见面，珍妮的精神状况都不是太稳定，但我大致了解过她的病后，替她换了一些药。今天，即案发四个月后，她的精神好多了，人也平静了不少。

之前我已经问过她一些成长背景和与案件相关的问题，我评估她的精神状况后，决定今天可以探究更加深入的问题。

"1995 年，你是觉得身体出了什么问题，才去看医生？"我决定由 1995 年问起，这是她精神病发作的第一年。

"觉得精神压力好大……"珍妮的回答，比前几次爽快得多,虽然仍然一直垂着头,没与我有眼神接触。

"具体发生了什么事?"

"因为工作。老板升了职,要兼顾的工作多了,我作为他的秘书,也跟着他更忙。"珍妮微微地叹息。

"那时是看普通科还是精神科?"我做了一点笔记,再抬头望向她,她却盯着自己的双手。

"看家庭医生。医生说我睡不好,给我开了处方安眠药。"

"有效?"我必须一直追问,否则她会停下来。

"算是可以入睡,但睡得不好。白天的精神越来越差,经常无故紧张,失去专注力,又不想吃东西。"

我点了点头,然后问:"同年你也辞职了,辞职的原因是什么?"

"因为犯了错,让老板的两个日程相撞了,连累他损失了生意。"

"你是被解雇的?"

"自愿的。虽然老板说不要紧,但我想负责;就我个人而言,也想逃离压力。"

"那么,辞职后,精神有改善吗?"

这次，珍妮停顿了一下，我看她的表情是在努力回想，所以我也耐心等待。终于，她给了比较长的答复："跟之前有分别，除了精神差，有时会……突然好亢奋，又有时会容易发怒，好像……控制不了情绪。又会好想购物，想把积蓄用光。这段时间很辛苦……想死……"

"有没有具体行动过？"

"没有。"她摇了摇头。

我看了一下她的病历，确认后才问："三年后，你转去看精神科，是医生转介？"

"对，他说我可能有精神问题，转介我去看私家精神科医生。他说我有情绪疾病，开了一些药给我，当时觉得改善了一点，现在回想其实也没多大分别。"渐渐地，她说话开始流畅，虽然还是低着头，但已经不抗拒开口了。

"你一直在服药？"

"是，依时依候①的。"她强调，"多年来都准时服药，准时复诊，从没有停止过。"

"医生有没有说是什么情绪疾病？"

她想了想，说："没有，可能说过但我不知道，

---

① 粤语，按时、准时的意思。——编者注

我没有特别去理解。"

我点了点头，然后转了一个话题："2004年8月，你曾经吞下一整瓶药自杀，为什么？"

"因为……已经几个月都找不到工作，觉得很困扰，所以突然萌生了自杀的念头。"

"后来呢？"

"后来被姑妈发现，救回来了。医生当时判断，我患了抑郁症，他给我换了一些药。服用后好像好了一些，但病情一直反复。"

自杀未遂之后，珍妮持续服药控制病情，状况尚算稳定，直到2005年，她主动入院了。"那时候，突然又精神紧张起来，莫名其妙的，我很害怕，所以入院。这一次，医生断定我患的是躁郁症①，不是普通抑郁症。又换了一些药，这一次，我终于觉得好转了。"

"好转的感觉是怎样的？"

"情绪平复了，没有狂喜狂悲，也没有乱发脾

---

① 躁郁症（Bipolar Disorder）又称"双相情感障碍"，是重性精神病的一种。患者的情绪会在不同时间变得极端高涨或低落。高涨的时候会感到精力充沛，说话亦会滔滔不绝，或者脾气特别暴躁；低落的时候则会变得悲观、缺乏动力、对身边的事物缺乏兴趣，甚至萌生自杀的念头。这种情绪剧变往往会令其思想及行为都大受影响。

气。睡得很好，白天很精神，很阳光，很开心。"

会议：姑妈行动不便需照顾

"一直都有病，但一直都在服药。"Gary 听到这里，喃喃自语。

"对，一个很乖的病人。"我回应。

"很多人以为长期服药的精神病人高危，其实不然，某种程度上他们是很安全的，因为他们知道自己有病，一直有医生跟进，一直按时服药。就如一个患近视的人戴了眼镜就看得清楚一样，即使长期患病，只要服药、复诊，他们跟普通人无异。"Vicky 用了一个有趣的比喻。

"不错，但为什么会发展成悲剧？"Gary 望着我。

"她出院后隔了段时间，姑妈跌倒了，腿骨退化，要坐轮椅。这是悲剧的开始。"

案件：姑妈常把"死"挂在嘴边

"如果有一天我要走，我希望可以舒舒服服地，睡一觉就走了，这样最好。"

"姑妈，不要说这样的话。"姑妈已经七十二岁了，老人就易有老人病，糖尿病、高血压、心脏病、白内障。十年前她还患了宫颈癌，幸好发现得早，现在已经痊愈了。可是，在2007年，她因为腿骨退化，在家摔了一跤，之后站不起来，在家可勉强靠拐杖行动，但出门就必须坐轮椅。

"现在有珍妮照顾你不是很好吗？也算是享女儿福啦，就不必想那么多啦。"姑夫比姑妈还年长十二岁，已经八十四岁了，但仍然健步如飞，开朗的笑容也许是他不老的秘密。

"唉，珍妮还要嫁人，还要生孩子，怎能要她这样照顾我？"姑妈望着珍妮，一片忧心的样子。

"不用管我，我已经决定了，这样是最好的。"**珍妮自己知道，她经历过超过十年精神病的煎熬，现在恢复到最佳的精神状态，只想做值得做的事。她觉得，姑妈和姑夫无条件地养大了自己，是时候报答养育之恩。她决定不找工作了，申请综援**[①]**，然后一心一意照顾他们，她决定了。**

之后的日子里，珍妮都一心一意照顾姑妈。姑妈所有的生活起居都由她包办，不论姑妈的

[①] 综援，我国香港地区综合社会保障援助。——编者注

三餐，还是洗澡、如厕，珍妮都照顾得妥妥当当。

但有一件事，是珍妮都解决不了的，就是这几年姑妈都睡得不好。"可否给我安眠药？"安眠药，是精神科医生开给珍妮有需要时用的。最初，珍妮颇为抗拒，但拒绝了几次，见到姑妈真的半夜还睡不着，就给她一粒。有第一粒，就有第二粒、第三粒，后来，"久病成医"，姑妈懂得根据自己的状态，要求一粒至三粒不等。

对于一直蒙受珍妮的照料这件事，姑妈总是不好意思，经常愁眉苦脸，唉声叹气地说："我早点走，不是更好吗？"

问诊：第二重打击——姑夫住院

"姑妈是否有抑郁症？"听到这里，我有这个疑问。

"她常常把死挂在嘴边，所以我也担心过。每次我去找精神科医生问诊时都会带她同去，有一次我也请医生替她做了精神病检查，医生说她没有问题。我相信医生。"

我点点头，原本想听她继续说，她却又静默起来，我只好问："从 2007 年开始，你一直照顾着姑妈,对吗?"她点点头,我又问:"直到三年后的7月,你发觉自己病发了,对吗?"

"对,医生说是躁郁症复发。因为这一年,连姑夫都出事了,他在街上跌倒,要用轮椅。在住院期间,也接受了全身检查,同时发现更大的健康问题。"

案件:脑退化的噩耗

2010年7月　公立医院

在医院,姑夫躺在病床上。

"病人腿骨折断,虽然打了石膏,过一段时间会康复,但因为年纪太大,康复后双腿应该没有足够的力气支撑身体,所以一定要用轮椅代步了。"医生一边替姑夫检查,一边讲解病情。

珍妮十分苦恼。平时照顾姑妈一个人已经十分吃力,如何有能力多照顾一个行动不便的人?但医生接下来说的话,更让她感到雪上加霜。

"病人患有轻度的脑退化症[①]。"

她的脑海里有一瞬间的空白,这对她来说是

[①] "阿尔茨海默病"于2010年10月29日起在我国香港地区改称为"脑退化症"。
——编者注

一个新的问题，还有多少问题会接踵而来？

为此，她翌日便向相熟的社工求助，对方是她唯一还有联络的中学同学，听罢她的情况，同学做出分析：

"我建议，你把姑夫交给养老院照料吧。现阶段，你没有足够能力同时照顾他们二人，而且，照顾姑夫洗澡等应该会比较尴尬吧？不如把失智的姑夫送给养老院的看护照料，这是没办法的办法。"

"但我没有钱……"珍妮垂下头。

"政府的养老院要排队，一般至少要等三年，我建议先申请，不过远水救不了近火，有些养老院，收费就是综援金加伤残金的总和，相信可以解燃眉之急。我替你姑夫申请伤残金吧。至于养老院，希望可以帮到你。"说着，就把养老院的名单交给珍妮。

之后几天，珍妮于不同养老院之间奔走。由于还要照顾姑妈，所以她每天基本上都是推着轮椅，一家又一家地索取资料，纵使感到疲倦，也没有法子，因为她对于把姑夫送到养老院感到愧疚，唯一能够做的就是找一家条件相对较好的。

终于，花了一个多月，她百里挑一，把姑夫送到一家环境不差的养老院。

以为可以松一口气，岂料这才是噩梦的开始。

问诊：来自养老院的压力

"姑夫十分不习惯养老院的生活，这是之前没有想过的。他天天嚷着要回家。"珍妮不禁叹了一口气，"听养老院的人说，他常常大叫，掷东西，曾把整盘午餐都推到地上，要劳烦养老院的人清扫。养老院当然天天都打电话来投诉，有时一日三次，说要我'搞掂个老嘢'①。我付了钱，不是由养老院去想法子吗？为什么要由我去'搞掂'？"

珍妮有点激动，把话说开了，也带点情绪了。她接着说："那时候，电话一响，基本上就知道是他们了。他们以为我闲着没事做，但我还要照顾姑妈，有时替她洗澡，电话响了，接不了。他们再打来，怪我为什么不接……我不是去游山玩水啊！"

珍妮说得有点上气不接下气。我让她停下来，冷静一下，然后问："那么，姑妈对此有什么反应？"

"姑妈……她觉得作为妻子，有责任照顾丈夫，

---

① 粤语，意思是"搞定这个老东西"。——编者注

所以要求我每星期都带她去养老院一次。你知道这是多么吃力的事吗？"她非常激动，开始滔滔不绝，"我当初没有想到姑妈要去，选了一家路途比较远的养老院，沿途也不全是无障碍设施。有时候，姑夫要复诊，我又不能丢下姑妈，就一个人推两台轮椅，先把姑夫推到街口，再把姑妈推过去，每一条街都这样。旁人会觉得很好奇，觉得我是怪人，为什么一个人要推两台轮椅？"

她越来越激动。我默不作声，随她自行把情绪宣泄出来。

"你一直在看精神科？"

"对。"她点头。

"有没有把这些情况告诉医生？"

她摇了摇头，说："我告诉过他我睡得不好，有时会对姑妈和姑夫发脾气。医生说我严重了，换过一些药，但情况没有改善。"

"你告诉过医生姑夫跌倒了，要入养老院的事吗？"

"没有，告诉他也没有用，他帮不了我。我觉得只要一直服药就可以了，而且……"珍妮顿了一顿，才说，"我觉得我很没用，照顾他们这些简单的事也做不来，我不想跟人说。"

会议：被"害怕加药"的心态祸害

"怎么会这样？"Vicky摇摇头，说，"一直看医生，一直服药，但又不告诉医生情况。"

"好多病人有误解，以为只告诉医生有没有失眠、情绪怎么样等就足够，其实具体发生的事也很重要。"Gary说，"医生知道得越多，就越能掌握情况，对症下药。"

"复诊的时候，她可能没想过死，就掉以轻心了。"Jason接着说，"有些人会害怕加药，觉得可以先自行观察一个月再决定。其实很多长期服药的病人，有时会自行判断，如认为只是精神差了一点，觉得没有什么大问题之类，这些行为都延误了医治的好时机。"

"当然，医生如果可以在病人身上花更多时间的话，也许会看出端倪，但实际操作上的确有困难，香港地区的医生要处理的病人数量非常多。"我说，"回到这个案件，其实珍妮症状十分明显，可惜她没有亲人，没有朋友，没人看到。"

"我能够想象她的压力。"Howard说。

"之后的事才让人无奈。"我摇了摇头。

Gary 指示我说下去。

案件：养老院的虐待疑云

2010 年 12 月底　养老院

养老院内，姑夫坐在床上，旁边除了珍妮和姑妈、院舍负责人和一个职员，还有两个警察。

"他打我！他打我！"姑夫指着其中一个职员。这个职员一脸无辜的样子，说："不，不，误会了，误会了。"

"让伯伯先说。"其中一个警察开口，望着姑夫，问，"伯伯，他什么时候打的你？"

之后，姑夫绘声绘色地说着职员的"恶行"，职员则在旁边不断说"没有""误会"。站在职员身后的负责人忽然冷冷爆出一句："他有老年痴呆①，有幻觉，不能当真。"

珍妮十分愤怒。事情还未搞清楚，养老院就一口咬定是幻觉！接下来，她也感到警察的态度是息事宁人。她虽然也搞不清姑夫的指控是真是假，但哪能冒这个险，于是她说："我要带他离开

---

① 即脑退化症。——编者注

这里，立即。"

"你可以随时带他走，但我要提醒你，你付了的押金，不会归还。"养老院的负责人板着脸说。

但珍妮没有犹豫，立即帮姑夫收拾细软。那位被姑夫投诉的职员，还挂着笑脸，做好心状帮忙，珍妮冷冷地说："不用了。"她把姑夫扶上轮椅，推到门口，然后回头再推姑妈。这时候，那个负责人已经不在了，被指控的职员则在检查姑夫用过的床和抽屉，是怕珍妮和姑夫漏了东西，还是怕他们弄坏了东西，珍妮没有心情深究下去。

她真的很累，很想拦一辆的士，但刚刚连押金都被没收了，之后又要替姑夫找新的养老院，又要多一笔押金，想到这里，连咬紧牙关的力气都没有了，没有了平时推轮椅的小心翼翼，犹如行尸走肉、魂游太虚般向前走，差点连走到家门前都不知道。

回到家，姑夫口中仍然埋怨着那位职员，但难掩归家的兴奋神色。姑妈不时望向珍妮，但珍妮一声不响。安顿好他们，已经接近黄昏，珍妮立即到超级市场替姑夫添置一些日用品，到了卖烧烤用品的地方，见到炭包，她想也不想，就买了两包回家。

问诊：照顾家人是生活唯一的重心

"买炭包，是因为当时见到炭包的一刹那，闪过自杀的念头和冲动，但没想得太仔细，先买了，放在家中。如果没有走过货架，或许不会有这个想法。当天晚上，我已经忘了这个炭包了。因为要忙于替姑夫找新养老院，看资料看累了就在桌上睡着了。"

之后，珍妮沉默了一阵子。我估计她是想整理一下思绪。

"直到一个月后。"珍妮深呼吸一口气，说，"1月底帮姑夫找到新的养老院，过了几个星期见他住得好好的，没有再发怒，养老院也没有投诉，那时候，觉得了断了一件心事，就重新去想那两包炭的事。"

"情况已经好转了，为什么还要自杀？"

"因为我晚上还是失眠。睡不着的时候，想了很多事。没错，姑夫到了新环境，我可以更放心，但自己呢？**回望过去，十多年来人生只有一件事：照顾姑妈和姑夫。这件事情并不会因为姑夫到了**

新的养老院就改变。他到医院复诊的时候,我还是要一个人推着两台轮椅,这样的事情会不断循环,直到他们两个都死掉。他们什么时候会死?天知道!但我肯定的是,在可见的未来,我都只能够过着这样的生活。

"我没有朋友,没唱过卡拉OK,没时间看电影。我想学插花,我想打羽毛球,我想学车,我想拍拖,我想有自己的家庭……但我没有时间,我的时间全部用来照顾他们。别人买炭,是一帮朋友去烧烤;而我,是放在家中,等某一天自杀时用……生活对我来说有什么意义?没有意义,零意义!零!"

我还是想问她为什么不把这些想法告诉精神科医生。如果当时有人注意到,及早治疗,或许不会发生后面的悲剧。

案件:沉默下同意赴死?

"生活压力如此大,不如我们……'一起走'吧。"这一天,珍妮帮姑妈洗澡时,突然说出这一句话。姑妈望了她一眼,没有作声。

珍妮心想:"没有作声,就是同意了吧。"她默默地替姑妈擦身、穿衣服,心里开始盘算,如何

"一起走"。

如何一起死。

原本,珍妮的计划是自己一个人死,但她想:"如果自己死了,谁去照顾姑妈?姑夫找到了合适的养老院,但姑妈……"

现在既然姑妈也同意,计划就务必实行。

"只好跟我一起走了。"

隔天,她开始准备,也在脑海中不停预演。她记得姑妈曾经说:"如果有一天我要走,我希望可以舒舒服服地,睡一觉就走了,这样最好。"她想到自己的安眠药,还有厨房的炭包,觉得这是"最好"的方法了。

不过,还有心事未了,就是姑夫。虽然他在养老院有人照顾,但还是需要一点生活费以备不时之需。想到这里,她立即趁姑妈的午睡时间跑到银行,把自己的存款全过账到姑夫名下。

然后,她写了一封信,把姑夫的复诊时间都记下来。这张纸,后来被消防员在饭桌上发现。

再过几天,她觉得一切都处理妥当了。下午四点左右,她外出买了当晚的下饭菜,还买了一卷封箱胶带、一包柠檬茶、一包老鼠药和一大瓶白兰地。

傍晚，她如常准备晚饭，还煮了姑妈最爱吃的蒸草鱼。姑妈吃得津津有味，但一顿饭下来大家都十分安静，珍妮觉得也没有什么好说的，二人心照不宣，同意今晚将会发生的一切。

吃过晚饭后，姑妈在看电视；珍妮洗过碗碟后，开始用封箱胶带封死大门和窗口的缝隙。珍妮感觉到，姑妈只望了她一眼，什么也没说。

"给我安眠药，好吗？"晚上差不多十一时，姑妈提出这个请求。珍妮微一沉吟，到房间拿了三粒安眠药，然后到厨房斟了一杯清水给姑妈。姑妈左手拿清水，右手拿安眠药。珍妮原本不以为意，却发现姑妈一直望着自己。就在二人四目交投的一刹那，姑妈微微一笑，把三粒安眠药一口吞下去。

十五分钟后，姑妈已经在床上熟睡，大厅里只剩下珍妮。她坐在沙发上，想了半小时，然后她拿了一个生铁锅，一个大汤煲，分别放了一包炭，烧着它们。

"一氧化碳如果只聚集在房间，即便关上房门，大厅的正常空气也会稀释它吧？我要分别在房间和大厅烧炭。"珍妮是这样想的，也不知道有没有科学根据。炭烧好之后，她把柠檬茶斟在杯里，加入三大匙老鼠药，再狂吞十粒安眠药，然后不断灌自己白兰地。

之后,她完全不省人事。

她万万没料到,自己还有醒来的一日,但姑妈已魂归天国。

问诊:为何犯人会局部失忆?

"之后的事,你记起来了吗?"之前,她都说忘记了。有时候人会因为严重的创伤而选择忘记一些事情。

"还是记不起来。我有意识的时候,已经在小榄了。"这个答案跟上几次问话时是一样的。

因为有警方和医院的记录,我知道接下来的客观事实。

后来,是邻居嗅到异味,觉得不妥才报警。警察到了之后,珍妮的姑妈已经死了,但珍妮仍然有知觉,被送到医院急救。她在医院昏迷了七日才苏醒,醒来的时候是知道发生什么事的,所以接受不了自杀未遂但杀死了姑妈的事实。在医院的第十一天,她曾经尝试跳窗自杀,幸好被护士发现。医院判断她躁郁症复发,而且越来越严重,后来送她到小榄治疗。

会议：犯案前后皆患病

"她有精神病，一直在服药，服药让她误以为病情已得到控制，导致病发了也不知道。沉重的生活压力让她病发，由她的姑夫要转养老院开始，她的精神状态并不正常。她认为姑妈同意一起死亡，然后实行计划。其实可能她没有向姑妈确认过。

"她的症状已经十分明显，有部分原因是不幸的，她几乎没有社交圈子，姑妈和姑夫的年纪又大，对精神病不了解，病发了也没有人知道。

"我对珍妮的判断是，她在犯案前、犯案期间，精神状态就不正常，是一个病人。我建议给她的报告中写'减责神志失常'。"

我一口气读出报告的结论。

"其实，把姑妈也送到养老院，然后自己找一份工作，生活虽然艰苦，但不一定会绝望。"Gary说话时有点叹惜，"一直认真对待自己的病，也认真照顾养育自己的人，却还是被这个病折磨，真的十分可惜。"

裁决：误杀罪成，感化三年

珍妮在小榄治疗了半年左右，已经康复，只是接受不了自己害死了姑妈，仍然很自责和内疚。这是正常反应。康复后三个月，姑夫也去世了，我们观察着珍妮，发觉她的反应属正常，没有过度的伤心，这更加让我确认她的痊愈。

案件大约一年后才审理，但在审理之前，她由于已经不用接受住院治疗，所以由小榄转到大榄女子监狱等候发落。

我从报纸上得知，控方接纳珍妮承认的误杀罪的意见，法庭判她谋杀罪名不成立，误杀罪名成立。由于法官认为被告不会对社会构成危险，所以判她接受感化三年，其间需按感化官指示接受精神治疗及服药。

之后，她按时复诊，精神一直不错，重新投入社会，努力适应新生活。

附录

法医精神科医生的神秘面纱

对普通民众来讲,"法医精神科"是很陌生的名词,其实这是精神科的一个专门分支,主要为监狱、监狱医院或社区内的精神病罪犯提供精神病评估和治疗,此专业需同时深入了解心理健康和法律两个复杂的层面。

法医精神科医生必须平衡罪犯的需求,了解他们对社会的危害,为囚禁在监狱或受法律限制的患者提供治疗。其评估及治疗环境不尽相同,从高设防医院到监狱,甚至以社区为基础的外展服务都有,法医精神科医生亦会为其他医护或社会保健专业人员提供专业意见。

评估罪犯的暴力风险

从事这一专科的医生，必须经常与刑事司法机构和法院接触，所以除了要彻底认识精神卫生法律，亦需熟悉刑法、民法和案例，了解这些法学知识有助于对病人提供合适的护理。大多数此类病人都是经由刑事司法机构转介的，有少部分病人则由其他精神病专科医生转介，如在成人精神科当中，如果病人具有攻击性或被评估为不适合低设防监管，就会被转介到法医精神科。

暴力风险评估是法医精神科医生的一项非常重要的工作，医生与专业医护团队合作，评估及处理常规或紧急的病人。有时更会用药物控制暴力行为者，迅速使他们镇静下来，予以约束或隔离。至于受转介的病人由罪行轻微到严重暴力的都有，视具体情况而定。

作为法庭上的专家证人，法医精神科医生会向法院、感化院、监狱或其他精神科同事提供专家意见，亦会为仲裁机构、医院管理层举行听证会，为其他从业人员和刑事司法机构提供精神报告。

他们会定期为法院提供专家证人意见，包括被告的状况是否适合申辩和受审、被告的犯案能力、是否建议做精神病辩护、量刑时的精神健康考虑，评定精神障碍的本质及未来风险，提供"适合治疗"的预备和可行办法，以及治疗患者时所需的安全措施和风险管理等。

咨询工作方面，当患者被评估为会对他人构成危险时，法医精神科医生需向照顾患者的团队提供详细的法医精神病学评估并提供建议，如暴力风险评估（包括结构性的风险评估）、暴力风险管理、精神科药物和心理治疗、心理动力学治疗案的制订，以及治疗时所需的安全措施等。

由评估遗嘱到推断自杀者心理

法医精神科医生和其他精神健康专家经常要评估当事人，以确定其精神或情绪问题。需要进行的评估包括但不限于当事人订立遗嘱或合同的能力评估、自杀案件或猝死病例的心理评估、当事人的工作能力评估以及当事人是否有资格领取政府残疾保险金评估等。

由于法医精神科医生的工作大多数是对当事人的能力进行评估，或评价有障碍人士的自主决定能力，当患者被确诊为缺乏自我控制能力时，便需要受到社会控制，即通过社会机制或法律来规范个人行为。因此，医生须遵守道德责任，以确保他们的决定建立于有效的临床证据之上。

鲜为人知的法医精神科

位于屯门的青山医院是香港地区唯一提供法医精神科服务的精神病院。法医精神科在1995年成立，主要为涉及刑事罪行的精神病患者提供全方位的临床评估及治疗。此外，具有严重暴力倾向的精神病患者亦会被转介到法医精神科，以寻求专业指导，或直接交与他们跟进。

他们会定期为屯门精神健康中心及东区尤德医院提供门诊服务，服务对象包括：一、在住院期间一直接受法医精神科治疗服务，而出院后仍需到门诊部复诊的人士；二、经由法庭转介到法医精神科门诊部，接受精神状况或心理状况评估的人士；三、由其他医疗专业或社会服务机构、执法机关转介到法医精神科门诊部求诊的人士。

小榄精神病治疗中心

法医精神科亦需要为惩教署小榄精神病治疗

中心及荔枝角收押所康复组提供外诊服务。小榄精神病治疗中心于1972年成立，是可容纳二百六十一名男女还押犯及羁留者的高度设防院所。法医精神科医生的职责则是为被羁留在小榄精神病治疗中心的人员提供精神状况评估及医疗服务，其中包括经法庭或执法机构转介，或已被法庭定罪的精神病患者。

据香港地区《精神健康条例》第四十五条，法庭有权颁布入院令，按简易定罪程序对精神病患者判刑监禁，但需有两名注册医生向法庭提供口头或书面证据，以确认该人患上精神失调，而其本质和严重程度需羁留惩教署精神病治疗中心或接受精神病院的治疗。事实上，所有这类病患都会被判处到小榄精神病治疗中心接受治疗。

法院可在判令中指明罪犯羁留于小榄精神病治疗中心或精神病院的期限，但不得超过法院或裁判官就该罪行可判的刑期。如罪行严重，医生亦不能预计出院日期时，罪犯会一直留院，即需接受无限期的入院令。这种情况下，罪犯只可在香港特首的许可下出院。

不能说的"精神病"

在香港地区,"精神病"一词好像是社会上的忌讳。政府及一些机构为了减少社会人士对于精神病患者的歧视,提供了不少的社区支援服务,以帮助社会人士接纳他们,协助病患或康复者重新融入社会。

现在有许多不同类型的专为精神病患者提供协助的社区服务,它们分别由政府和非政府机构提供,当中包括医疗、经济、就业、住宿、心理等方面的社区支援服务。

在医疗支援上,公立医院的精神科普通门诊及精神科日间医院均可为患者提供多样性的评估,给予他们专科的诊断、持续性护理和康复服务,而患者也可选择私家的精神科医生跟进病情。同时,医管局精神科社康服务将医院的护理服务和治疗延伸至患者家中,让患者可以在家居环境中康复。

若需要住宿服务,社署[①]为精神病康复者提供

[①] 社署,指社会福利署,我国香港地区政府劳工及福利局下辖部门,专责管理社会福利等事务。——编者注

了辅助宿舍、中途宿舍和长期护理院。这些住宿服务为精神病康复者提供过渡性的住宿照顾，并由护理员协助。

在经济支援方面，现在政府的"公共福利金计划"每月提供现金津贴，以照顾严重残障或年龄在六十五岁及以上的香港居民，符合资格者无须接受经济状况调查即可领取该津贴，有助于满足他们在经济上的需要。

帮助康复者免受歧视，重新投入社会

至于就业支援，社署辖下的庇护工场、综合职业康复服务中心等的职业训练设施，则为精神病康复者提供了日间训练或职业康复服务。为了更方便各区的精神病康复者得到支援，社署已从2010年10月起于香港各区开展精神健康综合社区中心的服务。另外，根据自1996年生效的《残疾歧视条例》[①]，所有精神病患者或康复者、其亲属及照料者及与他们有联系的人士，均受此法例保障。法例保障了病患和康复者的平等机会，对他们的工作给予了法律上的保障和支援。

---

① 我国香港地区为保障残疾人士免受歧视、骚扰而制定的法例。——编者注

还有，心理及情绪支援亦是非常重要的一环，它让康复者可以重新投入社会展开新生活，得到家人和社会人士的接纳与支持。患者可通过临床心理学家提供的心理及智力评估和心理治疗等服务渡过难关。

最后，在康复过程中，家人、朋友和社会人士的接纳和支持是缺一不可的。若有任何疑难，应向精神健康综合社区中心求助，或寻求非营利机构的协助，它们为精神病患者提供支援及康复服务。

后记

本书所述，都是根据 2005 年至 2012 年间，我在政府法医精神科服务时处理过的案件改编而成的。重申一次，本书的重点不在于案件本身，而是希望通过案件让大家对法医精神科的工作有深入的了解。

2012 年之后，我离开法医精神科转为私人执业。现在遇到的案件，没有以往那般严重及残忍，也没有那么多谋杀之类的大案了，种类变得多元化，也比较琐碎。但无论是大案、中案还是小案，我的宗旨都是一样的：即使是犯人，也应该有被治疗的机会。我是希望能够帮助更多的病人，才选择离开的。自立门户，多一个私人专科医生，病人就多一个选择的机会。

在政府法医精神科工作和私人执业，最大的

分别当然是后者的看诊可是要逐次收费的啊（笑）。但想深一层，无论收费方式如何，我都是以相同的标准去诊疗和写报告的，正如在前文个案中所说，我的报告不是帮控方，也不是帮辩方，而是中立的，只是反映我的专业论点和事实。

有没有控方或辩方律师给我压力？当然有。有不少人认为既然我收了他们的钱，就要写一份"适合"的报告。

在这里，我要特别感谢多年来法医精神科给我的训练，令我明白，无论怎样，我都是一个医生，不是帮助律师胜诉的"工具"；令我有清晰的宗旨，去拒绝不合理的要求。

无论是在政府的法医精神科工作，还是自己开设诊所，我都遇到过很多有趣的个案，如果有机会，留待下次分享。

北京市版权局著作权合同登记号　图字：01-2019-7390

失常罪：法醫精神科醫生的代告白　何美怡醫生 ©2018 Enrich publishing ltd.
（本书中文简体字版本，由嘉佰文化有限公司授权中国法制出版社在中国大陆地区独家出版及发行。未经书面同意，其他任何机构及个人，不得以任何形式进行复制及转载）
项目合作：锐拓传媒 copyright@rightol.com

图书在版编目（CIP）数据

犯罪心理 X 档案：法医精神科医生真实办案手记 / 何美怡著 . —北京：中国法制出版社，2024.3
ISBN 978-7-5216-4194-3

Ⅰ.①犯… Ⅱ.①何… Ⅲ.①司法精神医学—案例 Ⅳ.① D919.3

中国国家版本馆 CIP 数据核字（2024）第 033038 号

策划编辑：杨智（yangzhibnulaw@126.com）
责任编辑：杨智　　　　　　　　　　　　　　封面设计：汪要军

犯罪心理 X 档案：法医精神科医生真实办案手记
FANZUI XINLI X DANG'AN: FAYI JINGSHENKE YISHENG ZHENSHI BAN'AN SHOUJI

著者 / 何美怡
经销 / 新华书店
印刷 / 三河市国英印务有限公司

开本 / 880 毫米 ×1230 毫米　32 开	印张 / 6.25　字数 / 88 千
版次 / 2024 年 3 月第 1 版	2024 年 3 月第 1 次印刷

中国法制出版社出版
书号 ISBN 978-7-5216-4194-3　　　　　　　　　　定价：48.00 元

北京市西城区西便门西里甲 16 号西便门办公区
邮政编码：100053　　　　　　　　　　　传真：010-63141600
网址：http://www.zgfzs.com　　　　　编辑部电话：010-63141816
市场营销部电话：010-63141612　　　印务部电话：010-63141606
（如有印装质量问题，请与本社印务部联系。）